TENKARA

テンカラ・スタートブック

START BOOK

月刊つり人編集部編

つり人社

「テンカラ」を始めるみなさんへ

日本の毛バリ釣りを指し示す語としてすっかり定着したテンカラ。今では海外でもTENKARAで通じますが、その語源はよく分かっていません。

テンカラの呼称の直接の発祥元は木曽地方といわれています。中部の木曽・飛騨・美濃地方では、昔から毛バリ釣りを指してテンカラと呼んでいました。一説では戦前の中部地方に、子どもが片足でぴょんぴょんと跳ねるのを「チンガラ」「チンガラ跳び」とする言い方があり、これが毛バリを水面でちょんちょんと動かす釣りにも使われて、「チンガラ釣り」やがて「テンカラ」になったといいます。写真の毛バリは、現地の釣り人が巻いたもので、まさにそうした使い方をされていました。昭和30年代に飛騨の河合村（現飛騨市）の釣具店で売られていたものです（日本渓魚会・相吉孝顕氏所蔵）。

この地域に伝わる毛バリ釣りを、京都・大阪方面の釣り人が習得すると、関西の釣り具業社に面白い釣りとして伝えられ、やがて「テンカラバリ」「テンカラ竿」などの名前が付いた商品が販売されるようになります。すると全国的にもテンカラの呼称が広まっていきます。渓流釣りの著作が多くあり、ツチノコブームの火付け役としても知られる山本素石氏が、「木曾テンカラ会」の杉本英樹医師にテンカラを教わり、自著でテンカラをたびたび紹介するようになった影響も大きかったようです。

ヤマメ、アマゴ、イワナが日本の山間部ではまだ貴重な蛋白源であった時代。日本には渓流で魚を釣って売る職漁師が各地に存在していました。そうした職漁師の多くは毛バリ釣りを行ない、各地の風土の中で毛バリや釣りの技術を磨いていきました。しかし、詳しい技術や釣り場は、ごく限られた地域や人の間に密やかに伝承されるものでした。

そんな日本の伝統的な毛バリ釣りですが、レジャーとしての釣りの人気が高まるとともに、スポーティーな釣りとして再び脚光を浴びるようになります。シンプルな道具1つで自然に遊ぶテンカラは、これからますます愛好者を増やしていくでしょう。

これからテンカラを始めようという人に、ぜひ伝えたいメッセージがあります。「日本渓魚会」は、渓流魚の保護と節度ある釣りの継承を目的として、昭和30年3月10日に結成された渓流釣りの愛好団体です。その設立にあたり、発起人の一人であり、当時の多くの著名な釣り人と交流のあった竹内始萬氏が寄せた文章の中に以下のメッセージがあります。日本渓魚会には、和式毛バリ釣り・テンカラの愛好家も多く参加していました。

「渓流の釣というものは魚をより多く釣る、数を愉しむ、そういったいき方になってはいけない。少なく釣って多くを愉しむにはどうしたらいいかということを考えなければならないと思います。そのためにまず、節度のある釣をし、そうして他人も自分も共に釣を愉しみ、かつ盛んにし、渓流の釣りが盛んになればなるほど、渓流の魚が殖えてくるというような状態を現出したいと考えている次第であります。」（表記は原文のまま）

楽しさを存分に味わってもらいながら、ぜひ、新しい時代の釣りの担い手になっていただければ幸いです。

編集部

FLY BOX

目次

テンカラ・スタートブック

TART BOOK

TENKARA S

ヤマメ（サクラマス）

分類◉**サケ目サケ科サケ属**
学名◉ *Oncorhynchus masou masou*
別名◉**ヤマベ、ヒラメ、エノハなど**

テンカラでねらう代表的な渓流魚。冷水を好み、日本では北海道以南、関東以北の太平洋岸と日本海全域および九州の渓流に生息している。ただし、放流によって生息域には変化も生じている。また、日本海を挟んだ朝鮮半島や沿海州にもいる。大きさは最大で40cm前後だが、渓流域では30㎝を超えれば大もの。寿命は4～5年で、背中は緑がかった黄褐色で腹側は白い。側線の周囲は淡い紅に染まっていて、その上に楕円形のパーマークが並んでいるが、これは大型になると薄れることが多い。ヤマメが海に降りて大型化する地域ではサクラマスになる。ヤマメとサクラマスは元々同じ魚だ

テンカラの対象魚

**テンカラの主な対象魚は、ヤマメ、イワナ、アマゴなどの渓流魚。
ヨーロッパやアメリカでは、同じマスの仲間であるニジマス、
ブラウントラウト、グレイリングなどが釣られている。
ニジマスやブラウントラウトは日本の川にもいる。
そして、テンカラでどんな魚を釣るかは自由。オイカワ、ハスといったコイ科の魚たちも、
毛バリでねらえるシチュエーションなら立派な対象魚だ。**

アマゴ（サツキマス）

分類◉**サケ目サケ科サケ属**
学名◉ *Oncorhynchus masou ishikawae*
別名◉**アメゴ、タナビラなど**

ヤマメ（サクラマス）の亜種でよく似た姿をしているのがアマゴ。ヤマメとサクラマスの関係と同じで、アマゴが海に降って大きく育つとサツキマスになる。元々は静岡県以西の本州太平洋・瀬戸内海側、四国、九州に生息するが、ヤマメ同様に放流によって日本海側など各地にも生息域が広がっている。アマゴの姿はヤマメとよく似ているが、側面にちりばめられた鮮やかな朱点で判別できる。ヤマメと同じで30cmを超えるものは大もの。年間をとおして水温の低い河川の上流域を好む。イワナのいない四国や九州の川では源流部まで生息していることもある

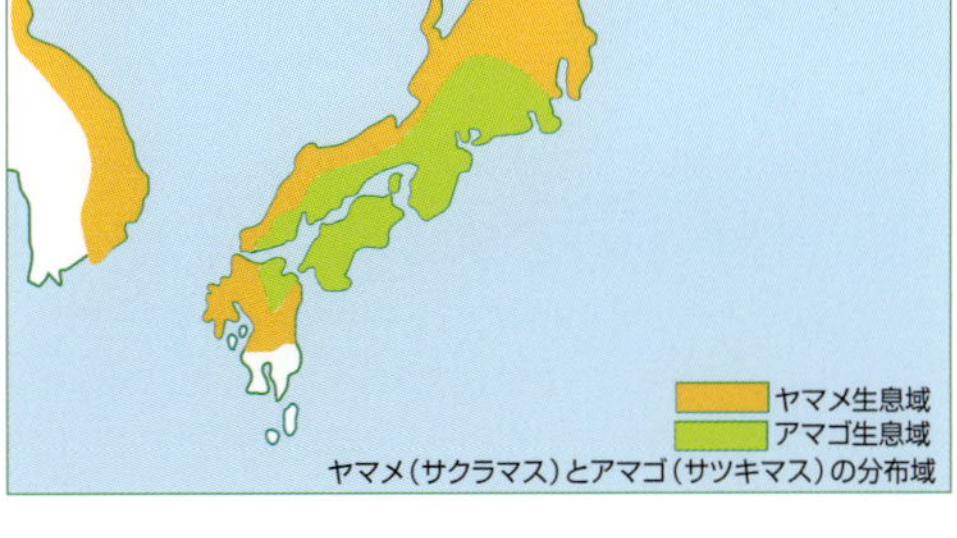

ヤマメ（サクラマス）とアマゴ（サツキマス）の分布域

アメマス／エゾイワナ

ニッコウイワナ

ヤマトイワナ

ゴギ

イワナ

分類◉**サケ目サケ科サケ亜科イワナ属**
学名◉ *Salvelinus leucomaenis pluvius*
別名◉**ニッコウイワナ、ヤマトイワナ、アメマス（エゾイワナ）、ゴギなどの亜種を総称して「イワナ」と呼ぶことが多い**

ヤマメやアマゴと並ぶ代表的な渓流魚。ヤマメやアマゴよりさらに冷たい水域に棲んでいることが多く、源流や河川の最上流域、山上湖に多い。産卵を行ないながら数年間生きる。イワナは地域によって体の模様にかなり差があり、多くの亜種に分類される。主な亜種はアメマス（エゾイワナ）、ニッコウイワナ、ヤマトイワナ、ゴギ。アメマスは北海道と東北、ニッコウイワナは山梨県～東北地方南部にかけての太平洋側流入河川および鳥取県～東北地方南部にかけての日本海流入河川、ヤマトイワナは相模川以西の太平洋側の河川、琵琶湖の流入河川、紀伊半島、ゴギは中国地方の一部に分布する。大きさは 20 ～ 60cm だが、渓流釣りでは 30cm を超えれば大ものといってよい

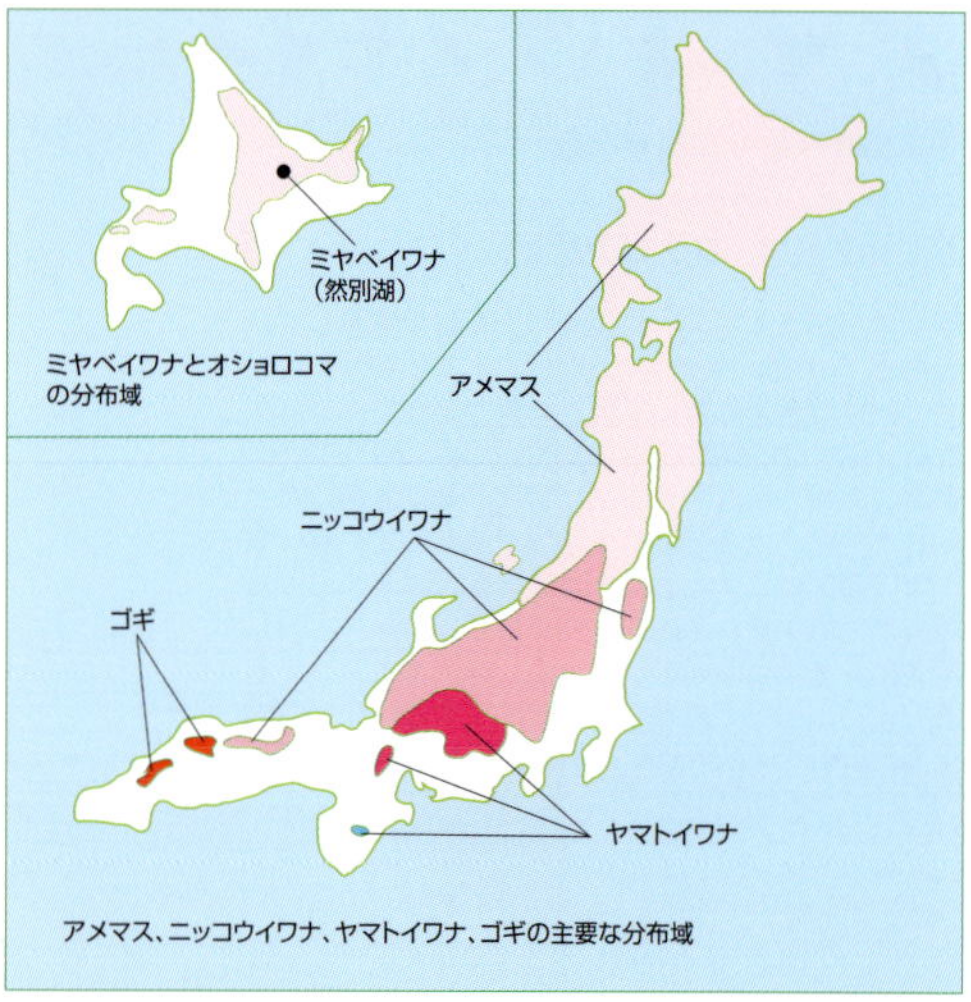

アメマス、ニッコウイワナ、ヤマトイワナ、ゴギの主要な分布域

テンカラの対象魚

ニジマス

分類◉**サケ目サケ科サケ属**
学名◉ *Oncorhynchus mykiss*
別名◉**レインボートラウト（英名）**

太平洋東岸とカムチャツカ半島原産。大きさは40cm前後で、日本では北海道の一部などをのぞいて大半が放流されたもの。野生のものは数年にわたって卵を産む。エサは甲殻類や小魚、昆虫など。日本には1877年に初めて持ち込まれた。基本的には冷水性の魚だが、25℃前後の高水温にも適応できるため世界中で養殖と放流が盛んに行なわれている。幼魚の頃はパーマークがあってヤマメと姿が似ている

ブラウントラウト

分類◉**サケ目サケ科サケ属**
学名◉ *Salmo trutta*
別名◉**シートラウト（降海型）**

北部ヨーロッパ原産。大きさ20～50cmが中心で湖では大型化する。日本では北海道や長野県で一部が野生化している。昭和初期にアメリカから持ち込まれたといわれているが詳細は不明。体型はニジマスに似ているが、茶色や黄色味を帯びた体に黒や朱色の斑点がある。ただし模様は個体によってかなり差がある。肉食性で甲殻類や昆虫、貝なども貪欲に捕食する。大型になると魚食性が強まる傾向がある

オイカワ

分類◉**コイ目コイ科オイカワ属**
学名◉ *Opsariichthys platypus*
別名◉**ヤマベ、ハエなど**

北陸と関東以西の本州各地、四国、九州などに生息。大きさは成魚で15cm程度。河川の中～下流域や湖沼に生息する。成魚になると川の中でも流れの速い場所を好む傾向がある。オスはメスよりも体が大きくなり、繁殖期のオスは体側に青緑とピンクの鮮やかな婚姻色が表われる。雑食性で水生昆虫や藻類などさまざまなものを食べる

ハス

分類◉**コイ目コイ科ハス属**
学名◉ *Opsariichthys uncirostris*
別名◉**ケタバスなど**

元々は琵琶湖、淀川水系と福井県の三方五湖に生息していたが、現在は関東から中国地方、九州にも分布する。大きさは30cm前後。流れの緩やかな河川下流部や湖沼などに棲む。砂礫の中に産卵し、成長すると口が「へ」の字型になる。オイカワを大きくしたような見た目だが、コイ科には珍しく魚食性が強いのでルアーにもよく反応する

渓で出会う風景

テンカラは自然に溶け込める。
木漏れ日が注ぐ流れに立つと、
肌に感じる風の感触はそのままに
いつしか周囲からは音がなくなり、
魚を求める自分がただそこにいる。

1

渓で出会う風景

流れる毛バリをとらえる
渓流魚の動きの鮮やかさ。
視線の先で起きるその一瞬の
静から動への転換を味わったら
釣り人はもう渓での体験から戻れない。

1～5: Soichiro Ura
6: Tsuyoshi Maruyama
7: Tsuribito Magazine

6

5

7

テンカラを楽しむ道具類

テンカラに必要なタックルは「サオ」「ライン」「リーダー（ハリス）」「毛バリ」が基本の4アイテム。その他に川に入るために必要な「ウェーダー」、釣った魚を取りこむための「ランディングネット」、水面からの乱反射をカットし目の保護に役立つ「偏光グラス」、細かな釣り道具を収納する「フィッシングバッグ」などがある

1

◉ダイワ（グローブライド）

エキスパートテンカラL

軽いラインでより快適に釣る

2

◉ダイワ（グローブライド）

マスターテンカラL

中継設計による格別のキャスト性能

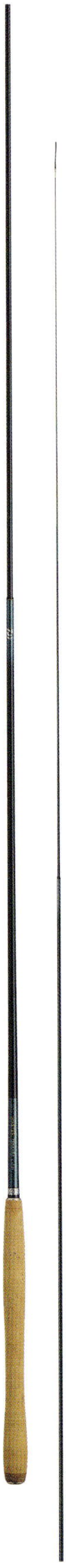

3

◉天龍

天龍テンカラ風来坊

幅広いフィールドに対応

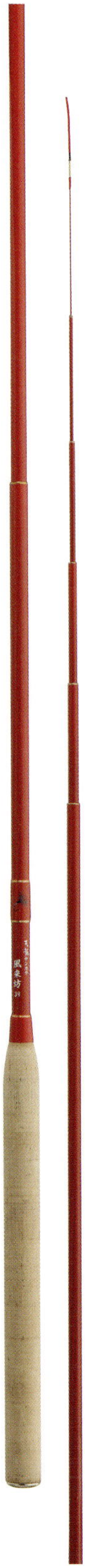

4

◉がまかつ

がま渓流 マルチフレックス テンカラ水舞EX

ポイントに合わせて長さを変更

ROD

テンカラのサオは長さ４ｍほど。振り出し式でコンパクトに収納できる。基本的に渓流で使うことを前提にしているが、長めの本流仕様（川幅の広い下流域で釣りやすいもの）もある。また、以前はラインのタイプに応じた専用のものもあったが、今は「テーパーライン」と「レベルライン」のどちらでも使用できるものが多い

1 ◉ダイワ（グローブライド）
エキスパートテンカラＬ

軽量なレベルラインを快適にキャトできるように開発した胴調子のテンカラザオ。しなやかな調子を実現しながらも、キャスティング時のブレが少なく、ピンポイントを釣りやすい。スタンダードな 36 モデルと１節マルチ（50㎝）搭載の 45 モデルの２ラインナップ

● LL36：3.6m（仕舞寸法 70.2㎝） ● LL45M：4.51m（仕舞寸法 70.1㎝）

2 ◉ダイワ（グローブライド）
マスターテンカラＬ

キャスティング性能や操作性を追求するためにあえて中継ザオになるよう設計されたテンカラザオ。張りのあるチューブラー穂先の LL はピンスポットへのキャスティングや細かいメンディング操作が得意で、柔軟なソリッド穂先の LT は小さい誘いや違和感の少ない食い込みにも貢献する

● LL36：3.6m(仕舞寸法 99.2cm) ● LT36：3.6m(仕舞寸法 99.2cm)

3 ◉天龍
天龍テンカラ風来坊

レベルラインテンカラに対応した調子のサオ。全長 3.9m で源流域から中流域までをカバー。軽い振り込みでピンポイントに毛バリを打ち込める。テレスコ・アジャスター（TA）を採用し、3.3/3.6/3.9m の３つの長さに調整可能なモデルもラインナップ

● TF39：3.9m（仕舞寸法 58㎝）● TF39TA：3.3-3.6-3.9m（仕舞寸法 34㎝）

4 ◉がまかつ
がま渓流 マルチフレックス テンカラ水舞 EX

通常は２段畳んだ状態で使い、さらに遠くに毛バリを飛ばしたい時は、２段回に分けて伸ばして使用できるマルチフレックスを採用。中流域から源流域をカバーする 4.0 ｍ、オールラウンドな 4.5m、本流釣りのロングラインに対応する 5.0 ｍの３ラインナップ

● 4 ｍモデル：3.99-3.52-3.03 ｍ（仕舞寸法 60.5㎝）● 4.5 ｍモデル：4.59-4.06-3.50 ｍ（仕舞寸法 66㎝）● 5.0 ｍモデル：5.00-4.25（１段階）（仕舞寸法 86㎝）

5 ◉シマノ
渓流テンカラ ZL

初心者でもキャストのタイミングを取りやすく、軽いレベルラインを楽に飛ばせる６：４の胴調子モデル。サオのネジレやブレを抑える「スパイラルＸ」を導入。ねらったポイントへ正確に毛バリを打ち込みやすい。40㎝のズームタイプ。EVA グリップを採用する

● 34-38：3.4-3.8 ｍ（仕舞寸法 70.5㎝）

6 ◉シマノ
本流テンカラ NP

本流用のテンカラザオ。ノンズーム＆５本継を採用することで細身にし、軽量化と風切り抵抗の軽減を実現。「スパイラルＸ」を採用し、キャスト精度、取り込み時の安定性も高めている。長尺でありながら長時間のキャストも楽にこなせる

● 44：4.4 ｍ（仕舞寸法 100.5㎝）

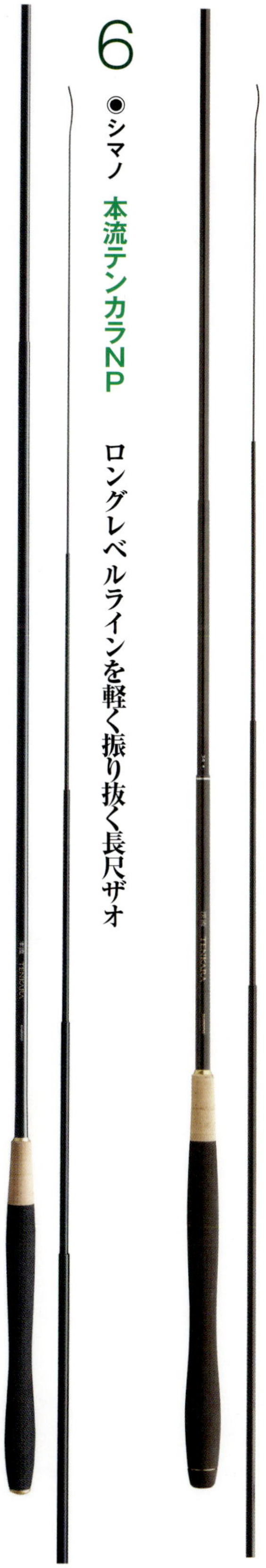

5 ◉シマノ 渓流テンカラＺＬ
初めてでも振りやすい

6 ◉シマノ 本流テンカラＮＰ
ロングレベルラインを軽く振り抜く長尺ザオ

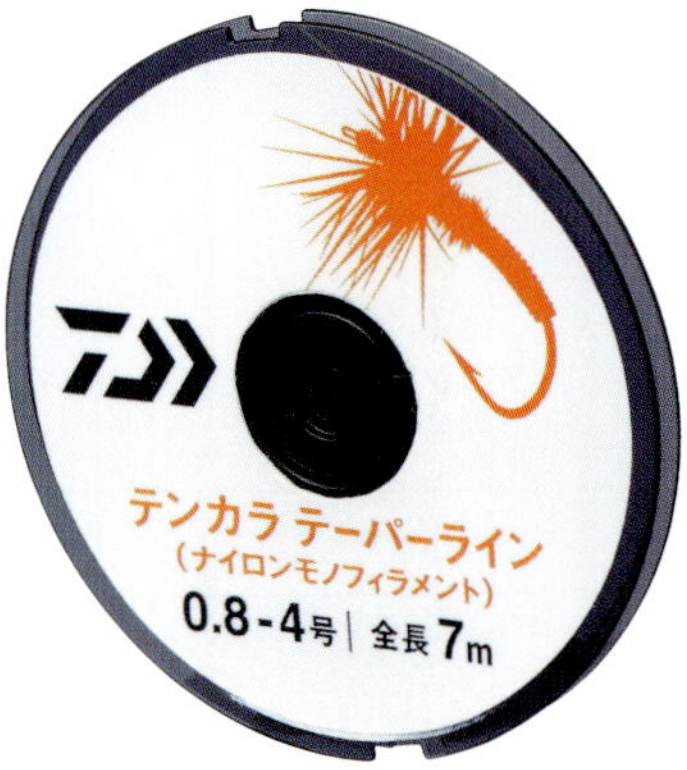

◉ダイワ（グローブライド）
テンカラフライライン Y
フライライン感覚の操作感

ビギナーにも扱いやすいテンカラ専用のフローティングタイプライン。モノフィラメントのコアをPVCでコーティングするフライラインと同じ構造を採用しているので、適度な重さがあり投げやすい。サオの長さと釣りのスタイルに合わせた3ラインナップ（2016年5月発売予定）
●4m（イエロー）、5m（ピンク）、7m（パープル）　※カッコ内はチチワの色

◉ダイワ（グローブライド）
テンカラテーパーライン
ビギナーでも振りやすいテーパータイプ

ナイロン製のモノテーパーライン。レベルラインの軽さとテーパーラインの振り込みやすさを兼ね備える。1モデルでハリス部分は0.8号、テーパー部分は0.8～4号、バット部は4号。使用するサオの長さに合わせてカットして使う。カラーは視認性の高いイエロー

◉ダイワ（グローブライド）
タフロン テンカラレベルライン
ナチュラルに誘えるレベルライン

フロロカーボンライン素材のテンカラライン。しなやかな素材を採用しており、より自然なアプローチがしやすく、イトグセも付きにくい。カラーはピンク。鮮やかで色落ちしないプラズマ染色で高い視認性を持つ。3号、3.5号、4号の3ラインナップ。30m巻き

◉サンライン
ぶっとびテンカラ ビギナー / ぶっとびテンカラ エキスパート
しゃきっとしたフロロカーボン・テーパーライン

結び目がなく余分な重みのないテーパーライン。高比重のフロロを採用し先端部までしっかりとパワーが伝わる。キャストがしやすくゴミやクモの糸は付着しにくい。8mのロングラインで本流域の釣りにも対応。渓流ではバット部分をカットして使用する
●ビギナータイプ（バット部4.5号→先端部1.5号）　●エキスパートタイプ（バット部3.5号→先端部1.5号）

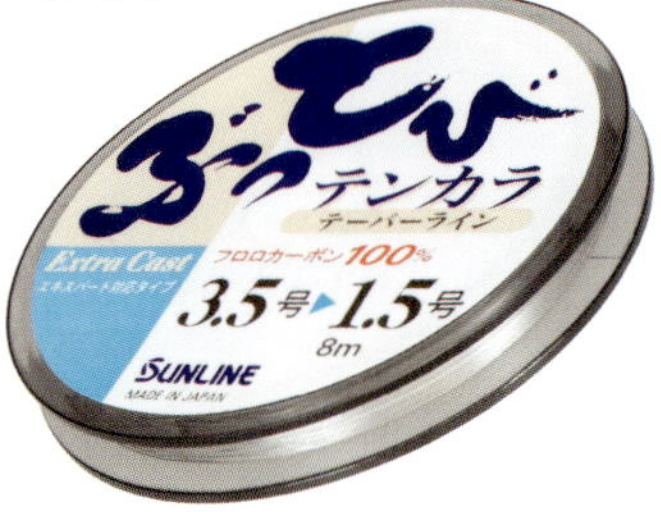

テンカラを楽しむ道具類

◉フジノライン
テンカラ ストレートライン AQ
マーカー付きのレベルライン

イエローのストレートラインに5cm間隔でマーキングを施したテンカラ専用ライン。マーカーによりラインの動きが明確に分かりアタリも取りやすい。クセが付きにくくビギナーにもおすすめ。ラインで魚のサイズも計れる。3.3、3.6、4mの3つの長さでラインナップ

◉サンライン
ぶっとびテンカラ レベルライン
見えやすく、操作もしやすい

さまざまな重量の毛バリ、サオの調子に対応できるように開発されたテンカラ専用ライン。キャスティング性能に優れた高復元性フロロカーボンを使用し、イトグセが付きにくく取れやすい。毛バリの位置やラインの角度が見やすい「フラッシュオレンジカラー」を採用。3、3.5、4、4.5号の4サイズをラインナップ。長さはいずれも30m

LINE & LEADER

テンカラのラインには「テーパーライン」と「レベルライン」の２タイプがある。先端に向かって徐々に細くなるものがテーパーライン、全体が均一な太さのものがレベルラインだ。どちらもキャスティングをするためのもので、毛バリはその先に付け足すリーダー（ハリス）に結ぶ

◉ラインシステム

テンカラレベルライン FC

場所を問わない高視認性

ラインカラーに多くの場所で見やすい蛍光オレンジを採用。また、特殊製法によりフロロカーボンの張りを感じさせない柔軟性を持たせている。2.5、3、3.5、4、4.5号の5モデル。長さはいずれも20m

◉ダイワ（グローブライド）

タフロン Z α

結節強力に自信あり

結節強力を重視したフロロカーボンハリス。表面のコーティングを強化したことで、高い耐摩耗性を持つ。シャキッとしたフロロカーボン特有の張りを持ち、イトグセが付いても伸ばすことで元に戻しやすい。0.6～3号は70m巻き、4～6号は40m巻き

◉フジノライン

テンカラハリス

しなやかなナイロンタイプ

どんなテンカララインにもマッチする扱いやすいナイロンハリス。素材はナイロン100%。表面にミクロの特殊樹脂コーティングを施しており、撥水性、耐摩耗性、結束強力が高くなっている。0.4～1.5号の7ラインナップ。30m巻き

◉フジノライン

ホワイトテンカラ

タマヅメに映える「白」

イブニングに見やすいホワイトカラーのライン。他のカラーのラインと使い分けることで、夕暮れまで快適に釣ることができる。素材は軟らかいタイプのナイロンを使用。テーパー形状でビギナーでもキャストしやすい。3、3.3、3.6、4mの4つの長さをラインナップ

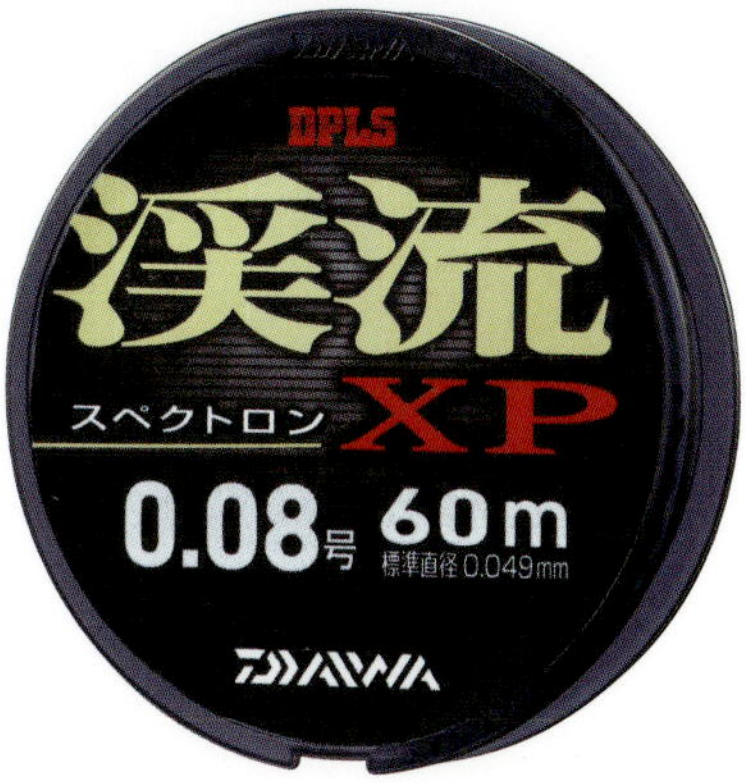

◉ダイワ（グローブライド）

スペクトロン渓流 XP

号数別に最適設計を施したハリス

細い号数でも安心して使えるよう結節強力を重視して設計したナイロンライン。より細い号数では張りを持たせて操作性を重視し、太い号数ではしなやかさを持たせている。水に濡れても張りがありイトさばきは良好。0.08～1号の14ラインナップ。各60m巻き

◉ダイワ（グローブライド）

テンカラ毛針セット（パラシュート）

水面で見やすいパラシュートタイプ

テンカラ専用にチューンされたパラシュートタイプの毛バリ。浮力を高めるためにハックルを厚めにしてある。ハックルのカラーはタンとブラウンの２色。パラシュートポストは視認性に優れたピンク。フックサイズ＃12、＃14のタンとブラウンがそれぞれ２つずつ入った計４本セット

◉ダイワ（グローブライド）

テンカラ毛針セット（スタンダードオールシーズン）

季節を問わない毛バリの詰め合わせ

ハックル部がホワイトとブラウンの２色がセットになっており、春先の水生昆虫から夏の陸生昆虫まで季節を問わず使える。ピーコックで巻かれたボディはレッドワイヤーで補強されているので壊れにくい。＃12サイズ各２本入り

◉オーナーばり

エルクヘアカディス

ピンスポットねらいに強い

浮力、見やすさ、投げやすさといった機能を幅広く備えたドライフライタイプの毛バリ。パラシュートとは違ったシルエットで魚を誘う。狭いスポットをピンポイントでねらいたい時にも使いやすい。９色あり、それぞれフックサイズ＃14と＃16の２サイズがある

◉オーナーばり

ソフトハックル

迷った時に使いたい万能選手

フライフィッシングのパターンだが日本の伝統的なテンカラバリと共通した構造を持つ万能パターン。基本的に水面直下をナチュラルに流して使う。ドライフライだけでは釣れない時に心強い。３色あり、それぞれフックサイズは＃14と＃16の２サイズがある

◉オーナーばり

パラシュート

複雑な流れでも安定

フライフックとして定評のあるTMC100を使ったパラシュートタイプの毛バリ。着水した際のバランスがよくフッキング率も高い。また、目立つパラシュートのおかげで、複雑な流れの中でも毛バリの位置を把握しやすい。９種類でそれぞれ＃14と＃16の２サイズある

KEBARI & HOOK

毛バリは自作するほかに完成品も利用できる。表層に沈めて使うタイプがスタンダードだが、最近はフライフィッシングで使用されるドライフライ（浮かべて使う毛バリ）や、オモリ替わりのビーズが付いた深く沈むタイプを使う人もいる

テンカラを楽しむ道具類

◉がまかつ

テンカラ専用（管付）

水面直下で誘う専用バリ

軽いレベルラインでも飛ばしやすいように考えられたテンカラ専用のハリ。ねらいのピンスポットにピシリと毛バリを決めるコントロールを重視して、同社の『管付山女魚』をより太軸に仕上げている。少し沈めて躍らせながら流すパターンを巻く時に最適。1パック12本入りで、7、8、9号の3サイズある

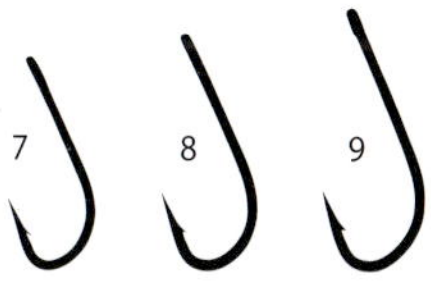

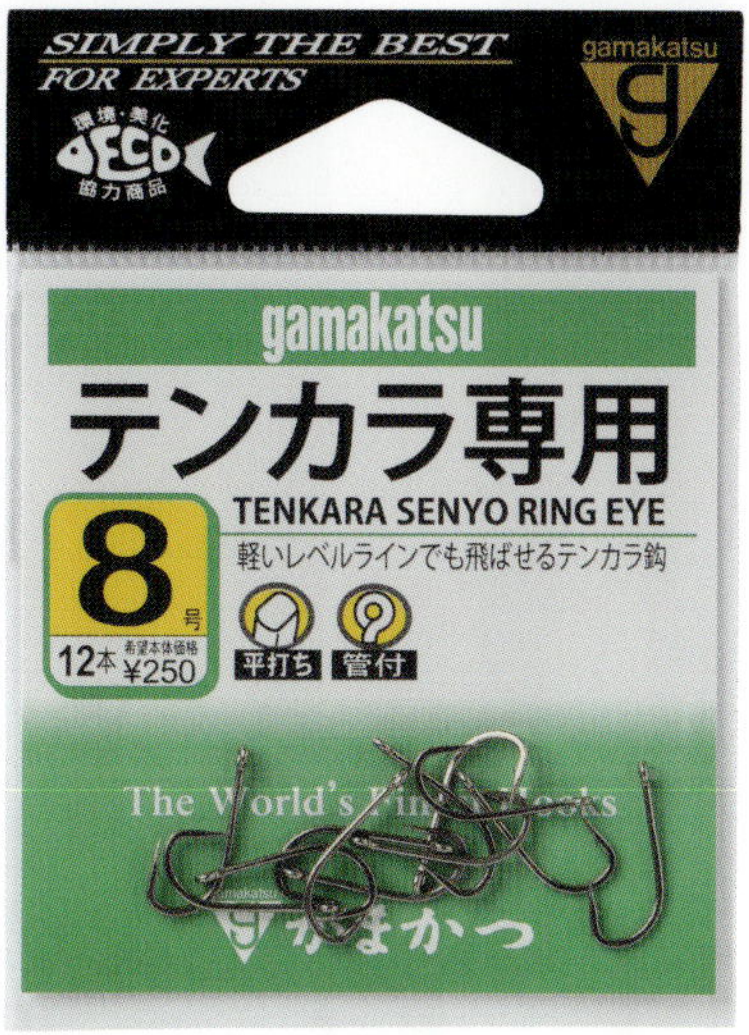

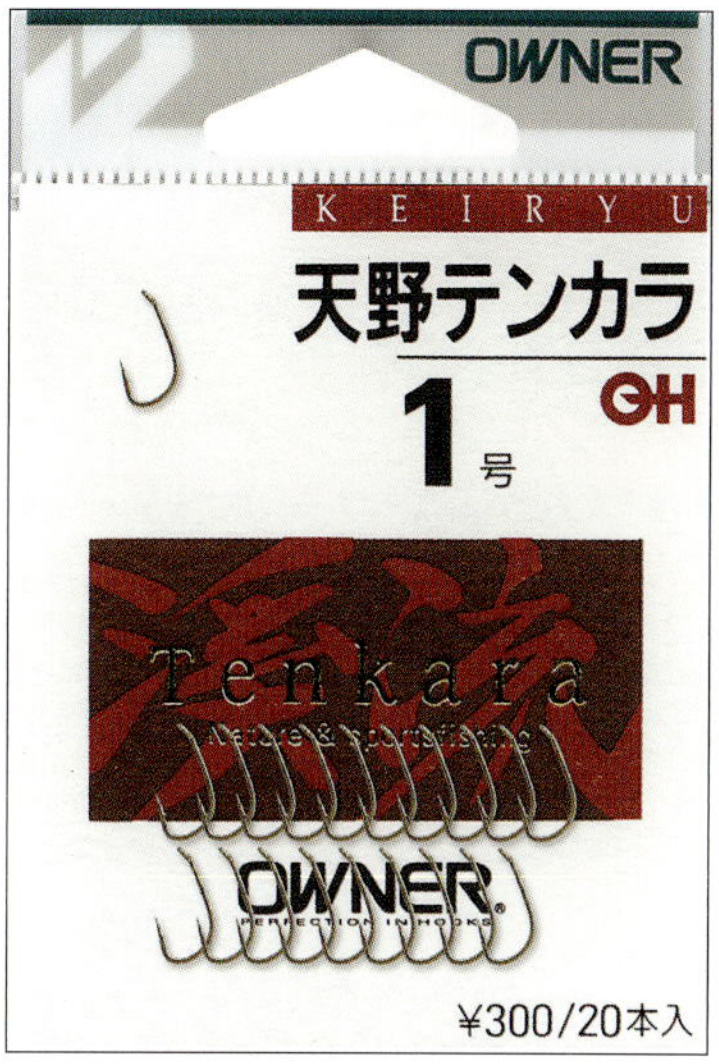

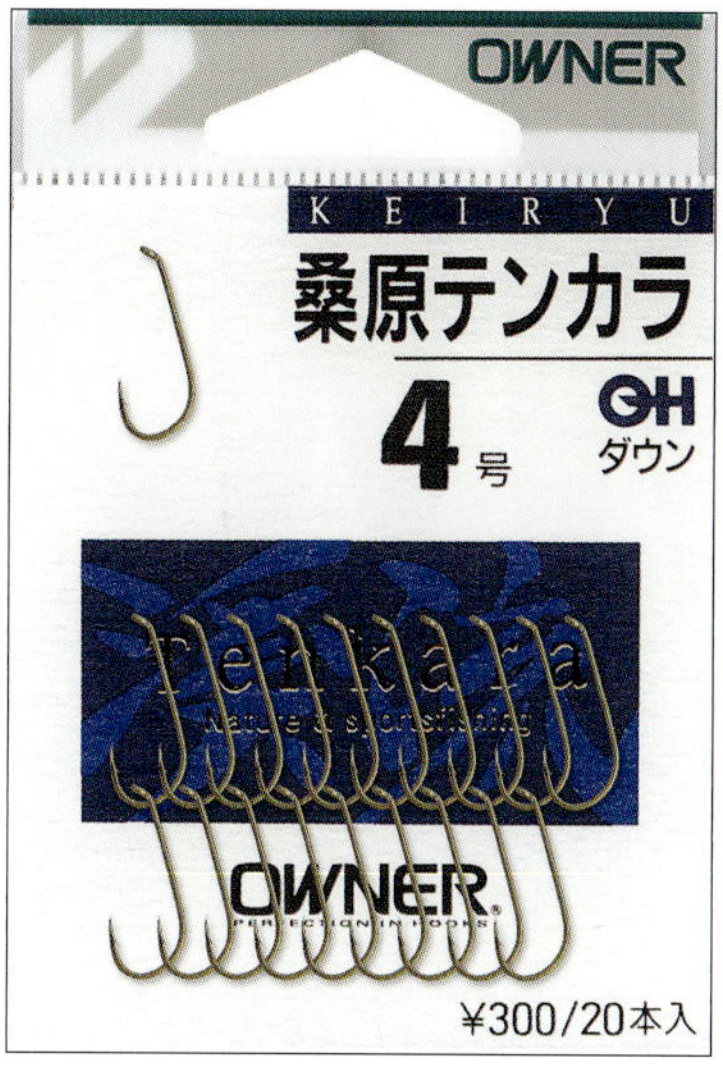

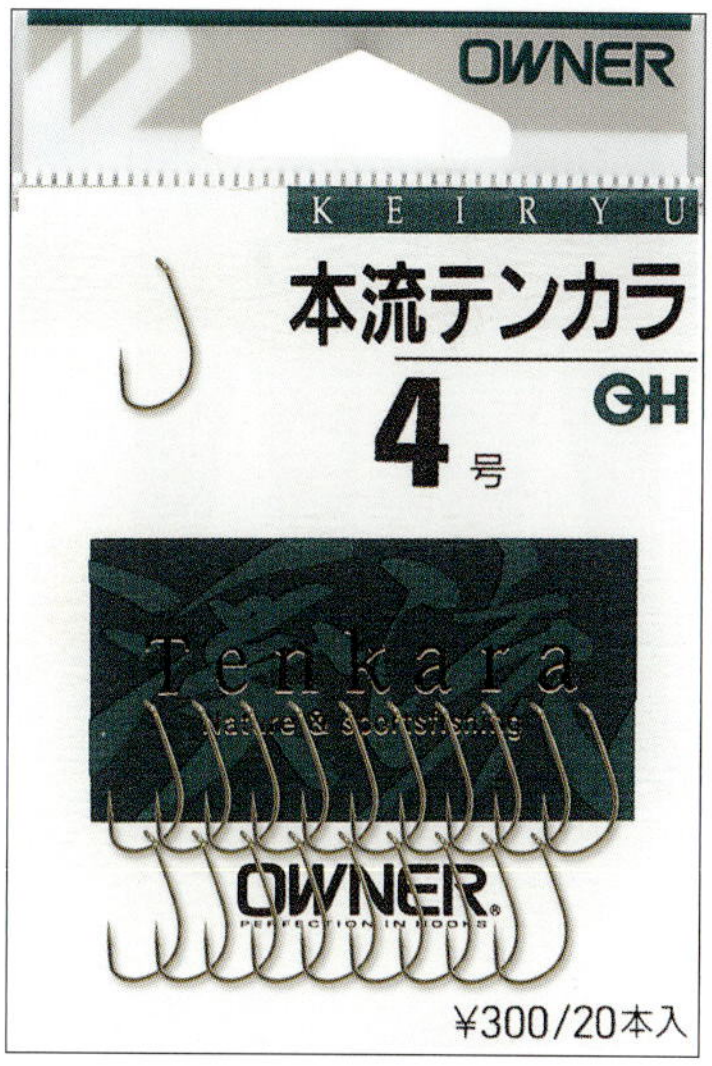

◉オーナーばり

OH 天野テンカラ /OH 桑原テンカラ ダウン /OH 本流テンカラ

多様なシーンに対応するテンカラバリ3種

『OH 天野テンカラ』（1、2、3号）は本流用の逆さ毛バリに合うようデザインされたハリ。『OH 桑原テンカラ ダウン』（3、4、5号）は、ややネムリのかかったハリ先で、バラシにくいダウンアイを採用している。そして『OH 本流テンカラ』（4、5、6号）は広いフトコロを持ち、大ものに対応する大場所用フック。いずれも1パック20本入り

WADER & SHOES

ウェーダーはシューズが一体になったブーツフットタイプと、シューズが別になったソックスタイプがある。夏場にウェーダーを履かないウェットウェーディングの釣りも楽しむなら、ソックスタイプとシューズの組み合わせでそろえておくとよい

◉シマノ
DS3 ウェーダー
透湿素材の採用で蒸れにくい

透湿防水素材のドライシールドを採用したウェーダー。使用中の汗などによる湿気を排出するため蒸れを気にせず釣りに集中できる。ブーツ部はソフトタイプなので曲げやすく、歩きやすい。ウエストハイタイプはフェルトソールのみだが、チェストハイタイプにはフェルトソール(ピン付き/ピンなし)とラジアルソールがある。ラジアルソールやピン付きフェルトソールタイプのカラーはブラック、ピンなしフェルトソールタイプはグレーとなっている。
●サイズ:SS〜3L

◉ダイワ(グローブライド)
スーパーブレス ストッキングウェーダー(左)
ピンホールに強い表生地を採用

耐久性に優れたダイワ独自の4層構造防水透湿素材ブレスアーマーを採用。不快なムレの元となる湿気を放出し快適な着心地を得ている。トゲ・イバラの突き刺さりを最小限に防ぐ表生地も装備。ウェストハイ型とチェストハイ型の2モデルがある。
●サイズ:S〜3L ●カラー:タン

◉ダイワ(グローブライド)
スーパーブレスウェーダー(右)
グリップ力が高いソールパターン

ブーツフットタイプのウェーダー。耐久性に優れたダイワ独自の4層構造防水透湿素材ブレスアーマーを採用。ブーツ部のフェルトソールにはグリップ力が高く滑りにくいキュービックセンサーソールを使っている。またかかとにキックオフを装備し脱ぎやすい
●サイズ:S〜3L ●カラー:タン

◉シマノ
XEFO カットフェルト ウェーディングシューズ VU
柔軟性が高く脱ぎ履きが容易

ソックスタイプのウェーダーを履いた場合に必要なウェーディングシューズ。靴の開口部が大きく開くため、脱ぎ履きがしやすい。フェルトソールに溝があることで靴に柔軟性が増えて歩きやすく、グリップ感の向上にも寄与している。
●サイズ:25〜29cm
●カラー:グレー

◉ダイワ(グローブライド)
ウェーディングシューズ
足首にフィットして疲れにくい

履き口にクロロプレン採用でフィット感が向上したウェーディングシューズ。屈曲性が高いことでグリップを稼ぎやすいスーパーキュービックセンサーソールを搭載している。衝撃を吸収するEVAをミッドソールに使用しているため、軽さと相まって疲れにくい
●サイズ:25〜29cm
●カラー:ブラウン

OTHER ITEMS

水面の毛バリがよく見えて目の保護にもなる偏光グラスや、魚をスムーズにキャッチするためのランディングネットなどもそろえたいアイテム。また、小物類を収納するためのフィッシングベストやフィッシングバッグも専用のものがあると便利だ

◉ダイワ（グローブライド）

TLX011

水面のギラツキをカット

定評のあるTALEXレンズを搭載した偏光グラス。水面の乱反射や有害な紫外線をカットする。偏光レンズの核となる偏光フィルターを超透明レンズ素材で挟み込むことでゆがみのないクリアな視界を確保している

◉ダイワ（グローブライド）

ワンタッチ渓流ダモ

コンパクトに収納

コンパクトに収納できる折りたたみ式タイプのネット。携帯に便利で普段は取り込みにタモを使わない人でも、大ものに備えて持っていると安心できる。ベルトに通して身に付けられる専用バッグ付き。枠径は25cmと30cmの2タイプがある

◉ダイワ（グローブライド）

フィッシングベスト DV-32008

肩や襟のクッション材で負担を軽減

ラッセルメッシュを肩回りに配置し、襟にはクッション材を設けたことで着心地と負担軽減を両立。背面には大型ポケットが搭載されており、レインジャケットなどの大きめな荷物も収納可能だ。カラーはストーングレーとライトブラウンの2色。サイズはM～2XLをラインナップする

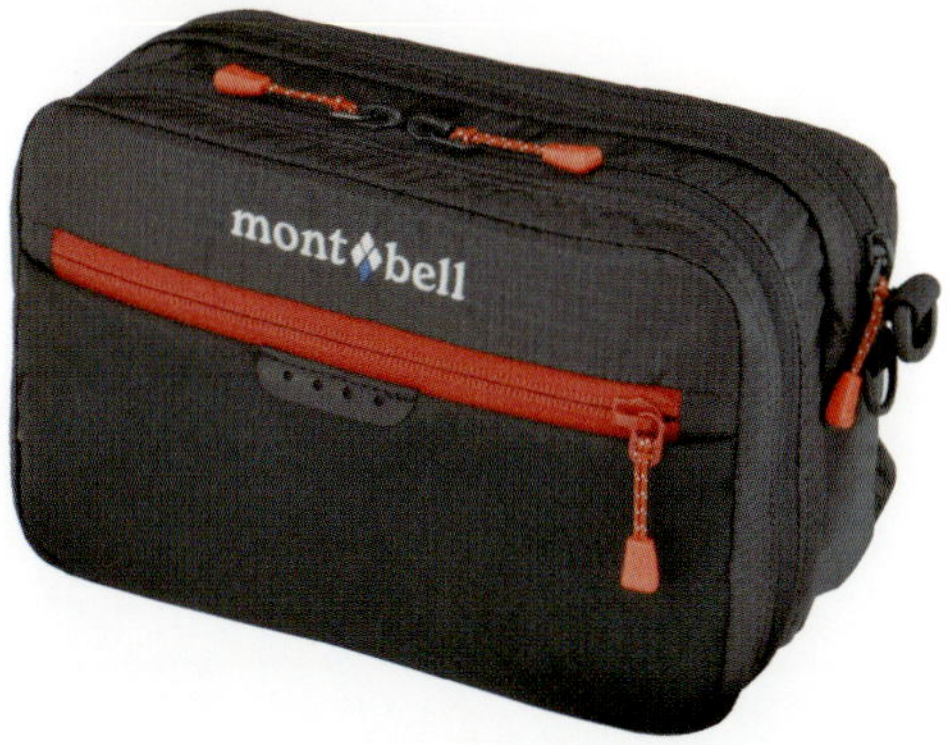

◉モンベル

タックルポーチ M

出し入れが容易な大きく開く外蓋

耐久性に優れた生地を採用しているため、薮が深い渓流でも気兼ねなく使えるタックルポーチ。外蓋は大きく開くことで毛バリ入れなどの大きめの箱でも取り出しやすく、ちょっとした作業なら蓋の上に載せたままできてしまう。好みや用途に合わせてウエストバックにもショルダーバックにも変更可能だ。カラーはガンメタル

毛バリを巻く

毛バリは自分で巻けるようになると、釣りの楽しみが大きく広がる。テンカラを始めたら、毛バリも自作してみよう。手で持って巻けるものもあるが、ハリを固定するバイス、羽根をカットするハサミ、羽根を摘まむプライヤー、イトを出し入れするボビンホルダーなど、フライフィッシング用のツールがあると便利だ。

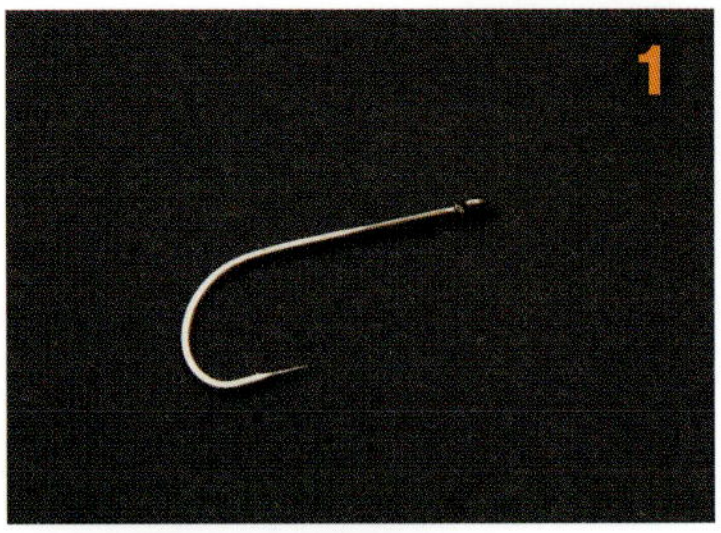

テンカラ用の環付きバリまたはフライフックの10～12番を使用

自己融着テープを3㎜程度の幅でカットする

切り出したテープを適度に伸ばす

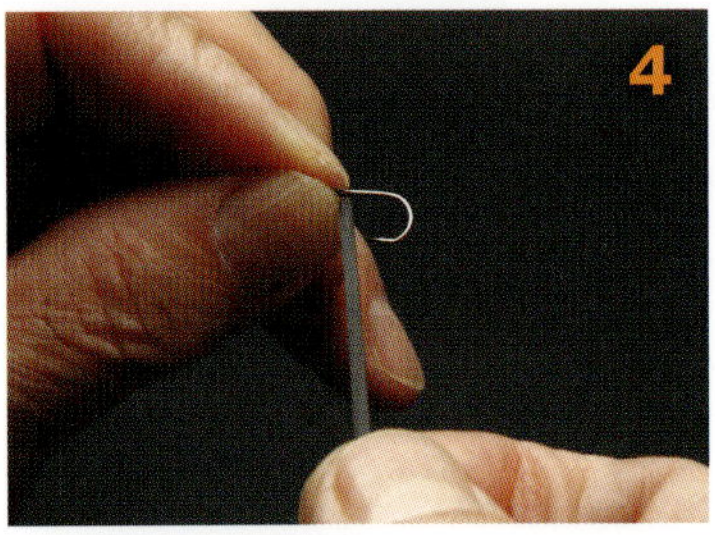

アイ（環）の近くに伸ばしたテープの端を巻き付ける

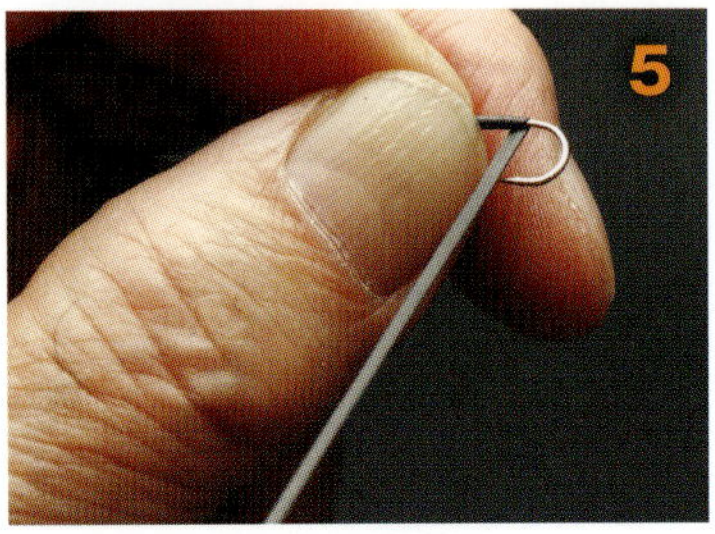

ハリのフトコロに向かって隙間ができないように巻いて行く

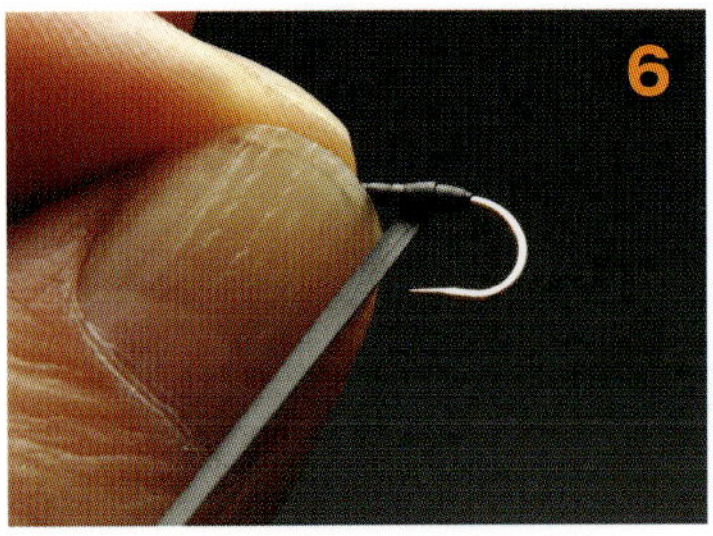

フトコロの手前まで来たら折り返して巻く

材料・ツール

①ストッキング②ピーコックソード（クジャクの羽根）③オーストリッチ（ダチョウの羽根。クジャクの羽根の代わりに使うこともある）④自己融着テープ（ホームセンターで購入できる）⑤キジの羽根⑥環付きのテンカラ用ハリ

逆さ毛バリ（瀬畑雄三）

今どきの材料で伝統的なフォルムを作る水面下に馴染ませて使うパターン

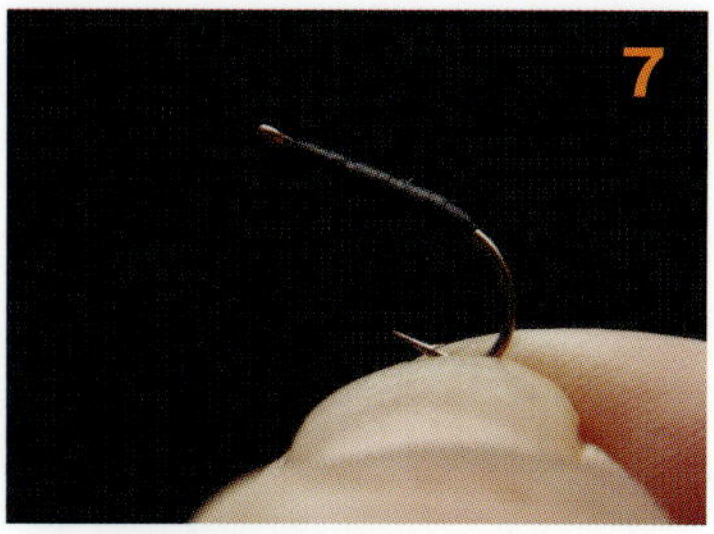
7

アイまで巻いたらハサミでカット。太さは
これくらいが目安で接着剤は必要ない

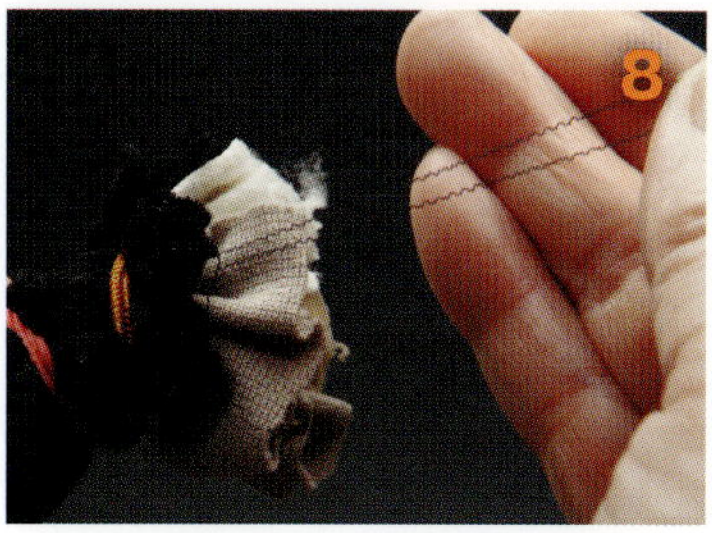
8

ストッキングの端をほぐして繊維を取り出す
(これが糸になる)

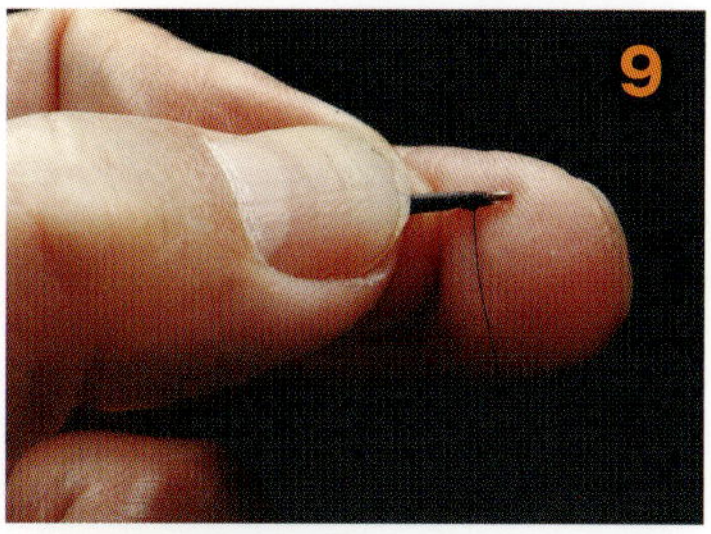
9

糸をアイ側に巻き付ける

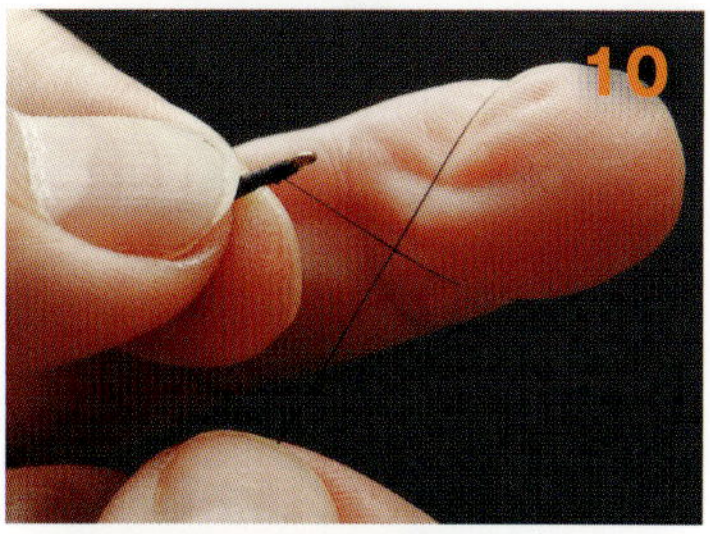
10

糸を巻き付ける際は最初に指を使ってハーフ
ヒッチを数回行ない固定しておくとよい（ハ
ーフヒッチの方法は P25 を参照）

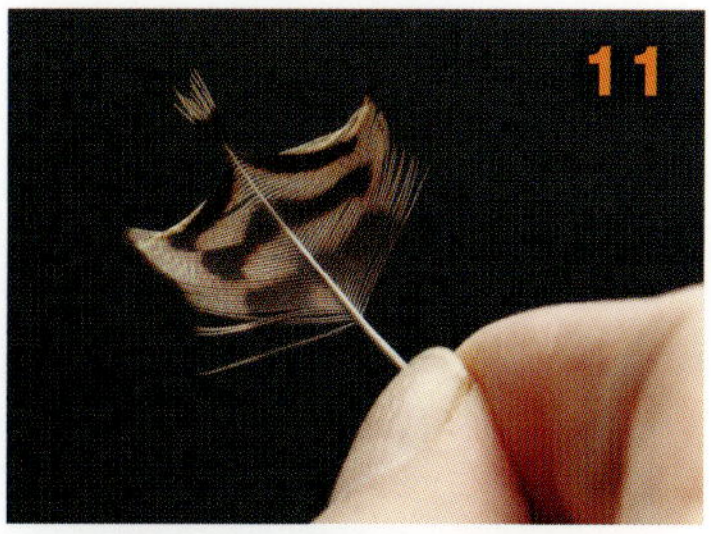
11

キジの羽根を下側の余分をむしり取って
このような形に整える

12

キジの羽根を写真のような形で
ハリに糸で巻き留める

13

アイ側からフトコロ側に向かって羽根を巻き付ける

14

最後は羽根の軸部分だけを 1 回転させる

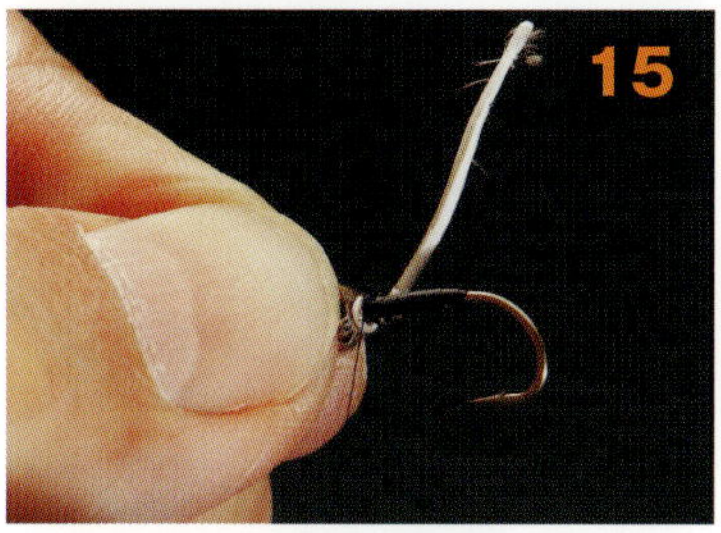
15

ハリを持ち直し、巻き付けた羽根が
ほどけないように糸で固定する

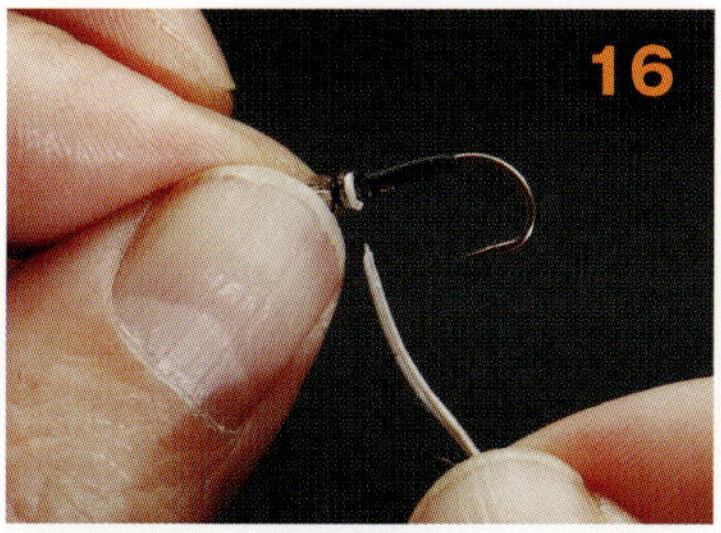
16

羽根の軸の余りをカットする

17

羽根の根元に糸を掛けて写真のようにまとめる。
この段階で一度ハーフヒッチしておく

18

飾りに使うピーコックソードは 1 本を使用

19

羽根の根元にピーコックソードを留める

20

数㎜の幅で前後に一往復させ、最後は
アイ寄りの場所で糸で留める

21

数度ハーフヒッチをして余りの糸を
カットすれば完成

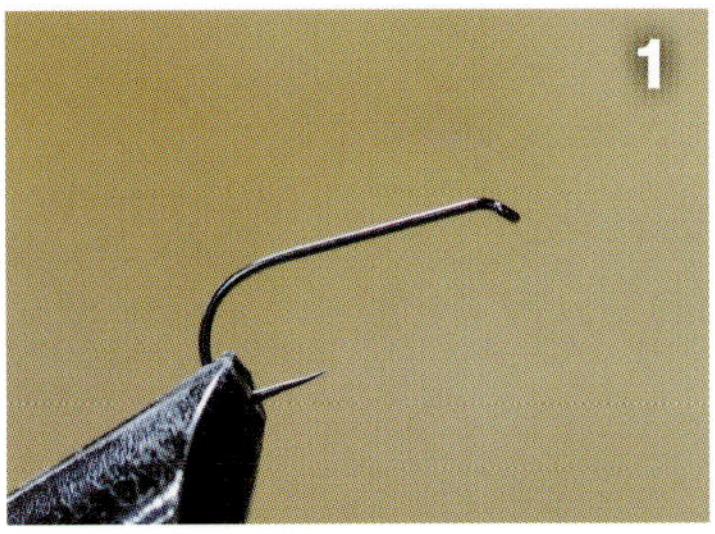

シャンク（ハリの軸のこと）がまっすぐなフライ用フックをバイスに固定する

ボビンホルダーからミシン糸を出しアイの後ろに数度巻き付ける

材料・ツール

①ハリを固定するバイス②ハックルプライヤーとハサミ③フライ用フック10～12番（シャンクがストレートのもの）④ハックル（ニワトリの羽根）⑤ボビンホルダーにセットしたミシン糸⑥瞬間接着剤

バーコード・ステルス毛バリ（石垣尚男）

最小限の素材でシンプルに巻く水面下に馴染ませて使うパターン

3
ハックル１枚の下側の余分をカットし
このようにハリに添える

4
写真のように糸で羽根をしっかりと固定する

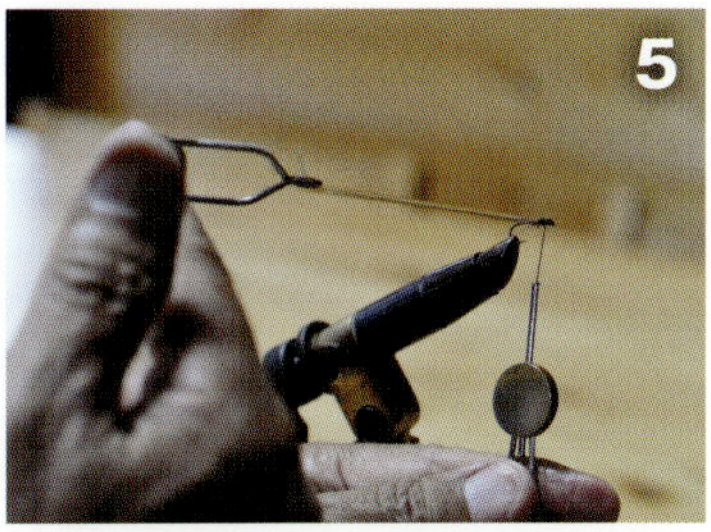
5
ハックルの先端をハックルプライヤーで
摘まんだら、糸を一度ハックルの後ろ側
（フトコロ側）に移動させておく

6
ハックルプライヤーで挟んだハックルを
後ろに向かって数度巻く

7
ハックルを糸で巻いてシャンクに固定する

8
余分をハサミでカットする

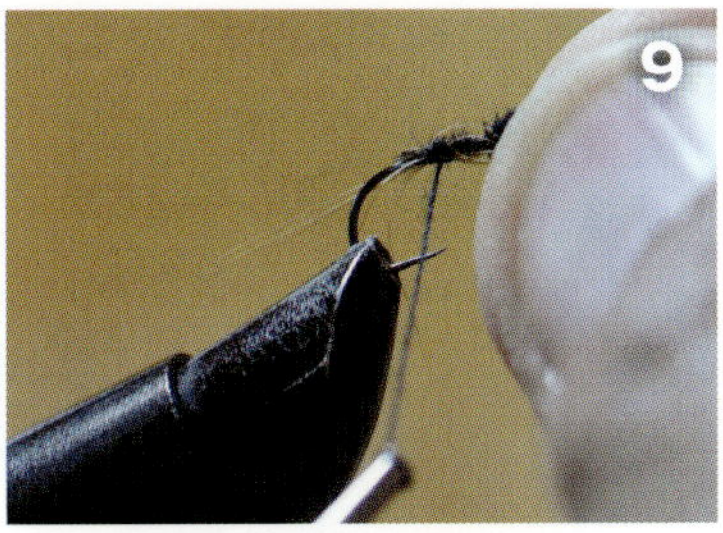
9
ハックルを前側（アイ側）に寄せて
根元を糸で巻く

10
さらにハックルの後ろ側に糸を巻いて胴を形作る

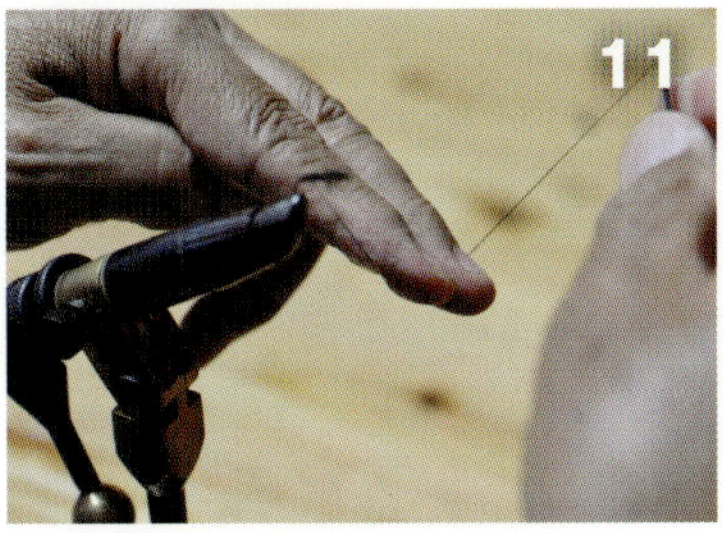
11
ハーフヒッチで糸を固定する。その際は
まずこのように糸に指を当てて……

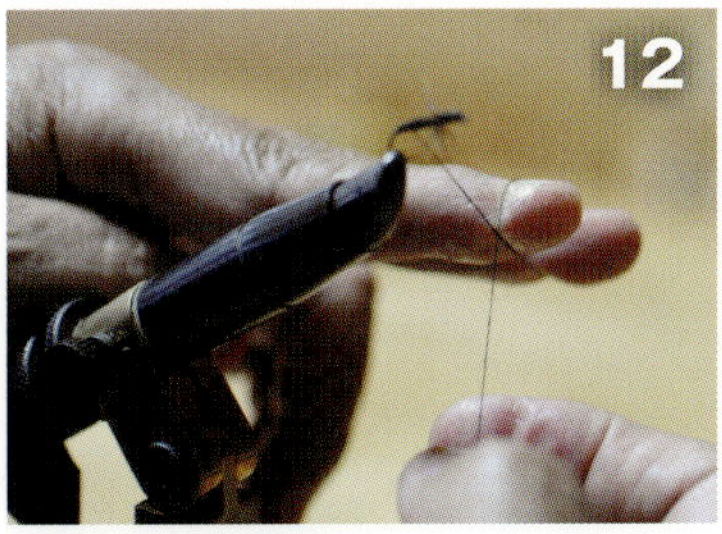
12
一度大きめの輪を作る

13
出来上がった輪をひっくり返すようにハリに被せる

14
糸を固定したい部分で輪を締め込んでいく

15
余分な糸をカット

16
糸を留めた場所に少量の瞬間接着剤を
垂らして補強する

17
これで完成。ハックルの前後に形よく
糸を巻いておくと見栄えがよい

アイの大きなルアー用フックを使う。
写真はカルティバ『SBL-35』

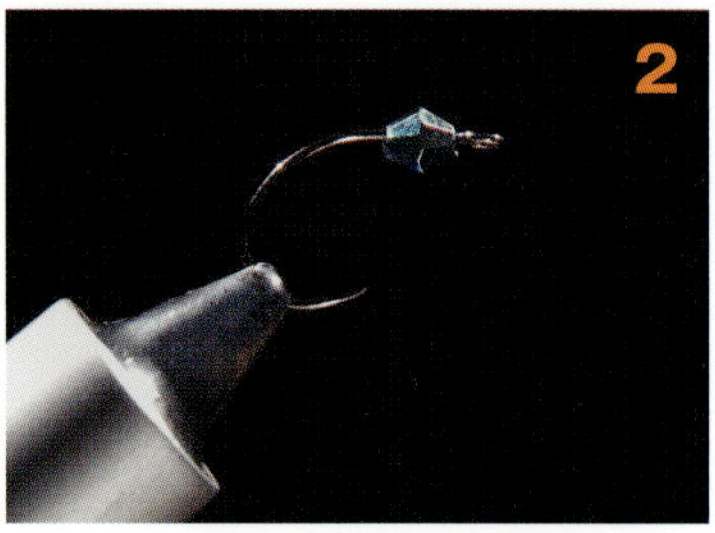

多面体ビーズを通したハリをバイスに固定する

材料・ツール

①ハックル（ヘンフェザント／雌キジの羽根）②ピーコックハール（クジャクの羽根）③多面体のビーズ④ボビンホルダーにセットしたフライタイイング用のスレッド⑤アイの大きなルアー用フック

老眼テレストリアル（倉上亘）

多面体ビーズがアクセントの水面下に馴染ませて使うパターン

毛バリを巻く

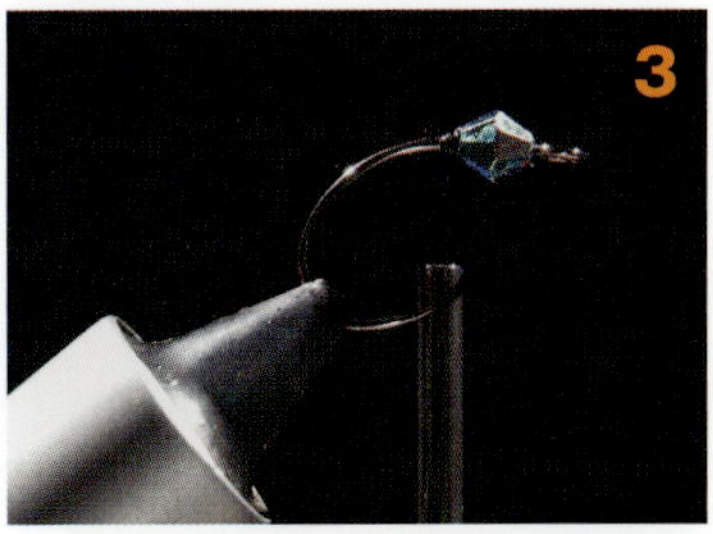

ビーズの後ろ側にスレッドを巻き付けて
動かないように固定する

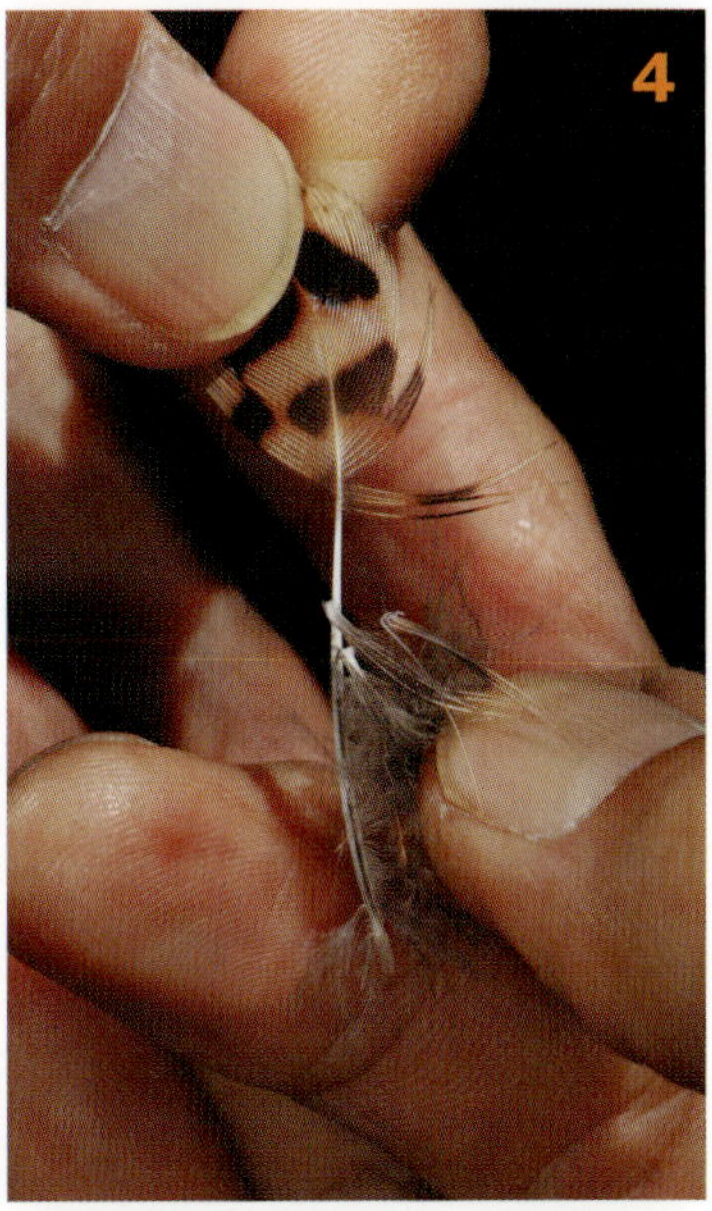

ハックル（ヘンフェザント）は１枚の羽根を取り
出し下側の軟らかいファイバーをむしり取る

さらに先端を残して下側のファイバーを
下に寄せこのような形にする

成形したハックルをビーズの後ろにスレッドで留める

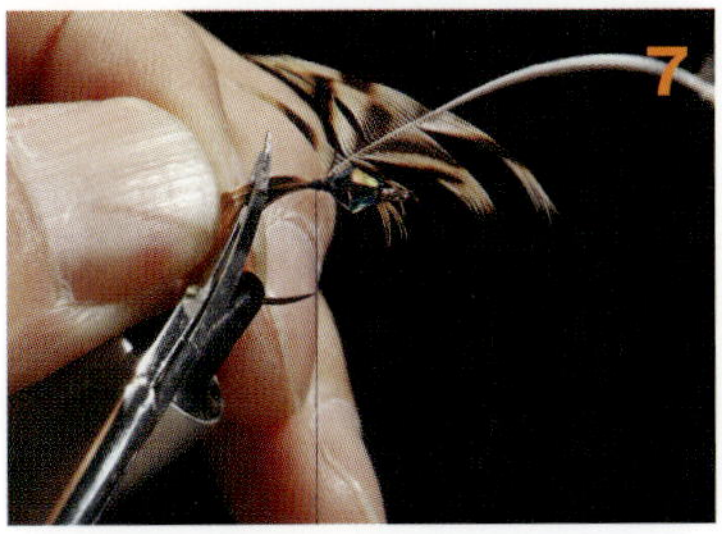

しっかり留まったら余りをハサミでカット

数回転してハックルが広がったら羽根の
軸部分をスレッドでハリに固定する

ピーコックハール２本の先端を
羽根の後ろに巻き留める

余りを巻きこみながらスレッドを
後ろ側に移動させておく

後ろに向かってピーコックハールを
巻き端をスレッドで留める

余分なピーコックハールをカットしたら
ハーフヒッチでスレッドを固定する

スレッドの余りをカットし少量の
瞬間接着剤で補強したら完成

沈み玉蜉蝣（吉田孝）

ビーズヘッドニンフ（フライ）を参考にした速やかに沈めて使うパターン

材料・ツール

①真鍮のワイヤ（0.28㎜径）とビーズ(3/32 オンスサイズ）②フラッシャブー（フライ用の化学繊維）③ダビング材（フライ用の化学繊維）④ボビンホルダーにセットしたフライタイイング用のスレッド⑤テンカラバリ３号

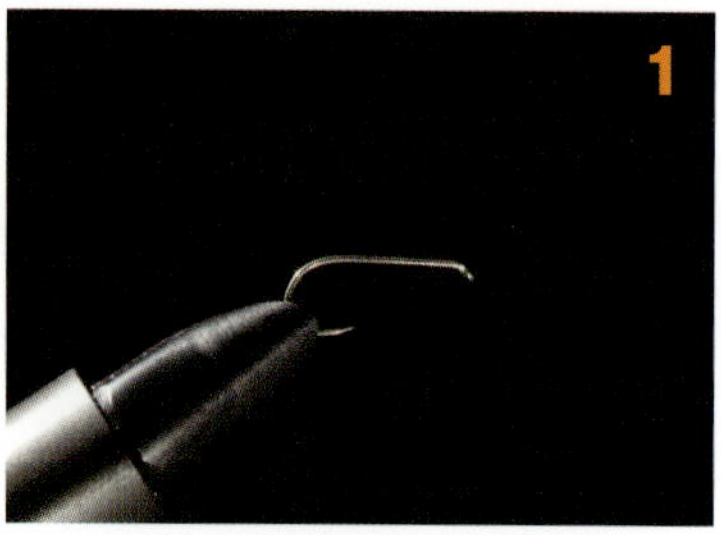

シャンクがまっすぐなテンカラバリを使用。カエシをペンチで潰す

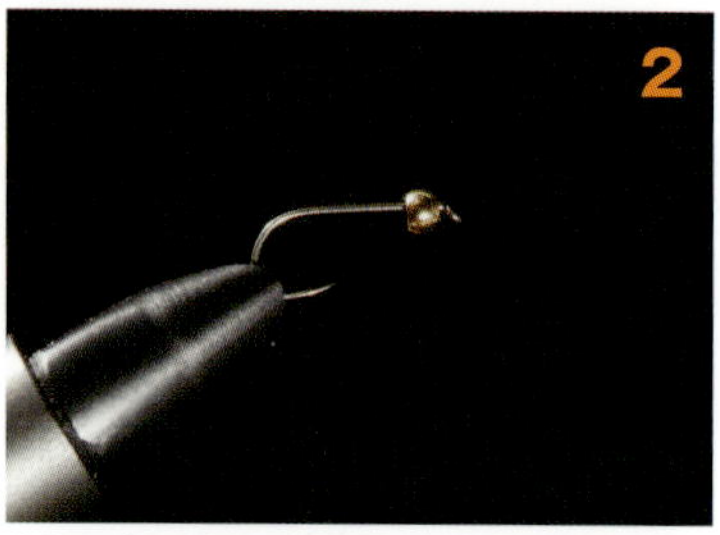

真鍮のビーズをハリに通す

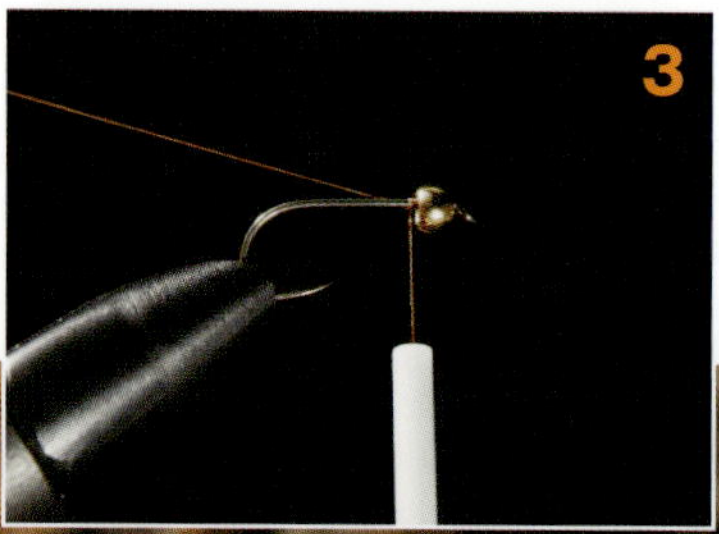

ビーズのすぐ後ろからスレッドを巻き始める

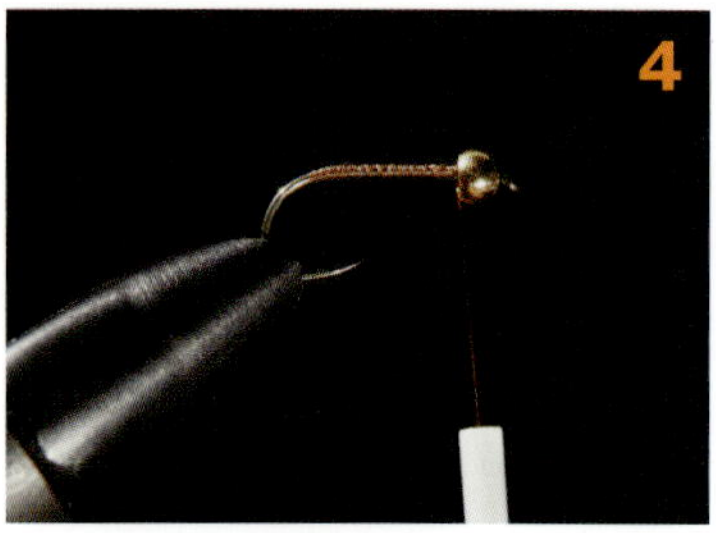

シャンクの上を一往復巻く

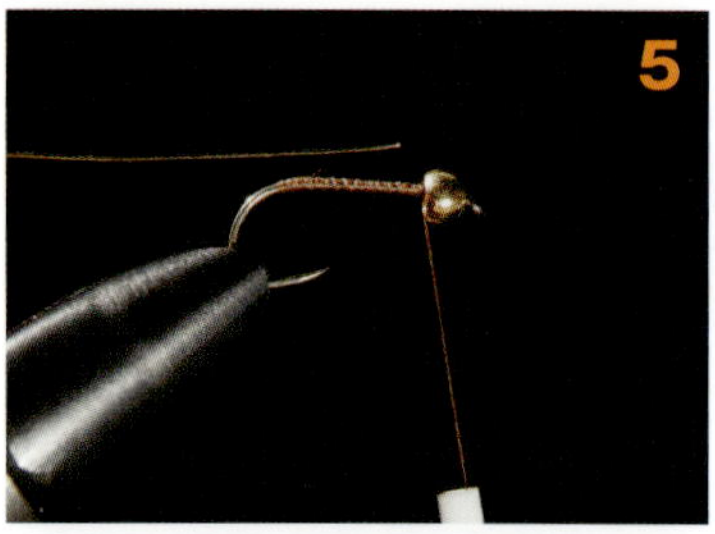

真鍮のワイヤをビーズから少し離してスレッドで留める

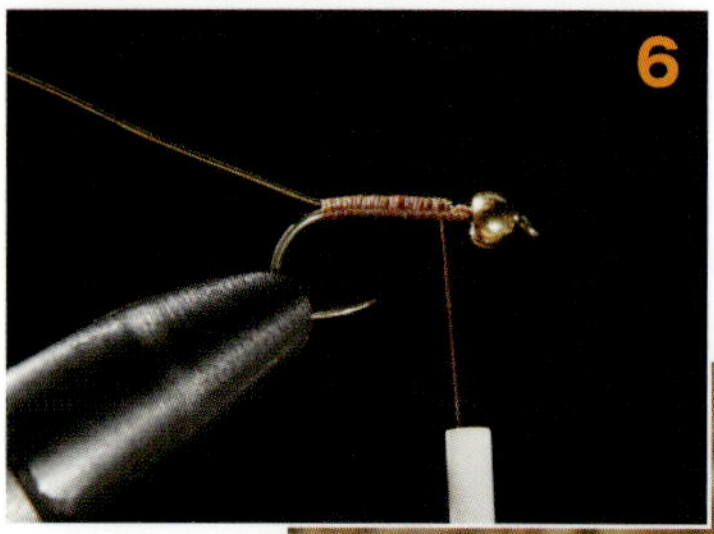

ワイヤはシャンクの真上にスレッドを往復させて留める

フラッシャブー4本を用意する（2本を二つ折りにするとよい）

8

ワイヤと同じようにして、後ろ側に余りが出るようにフラッシャブーを留める

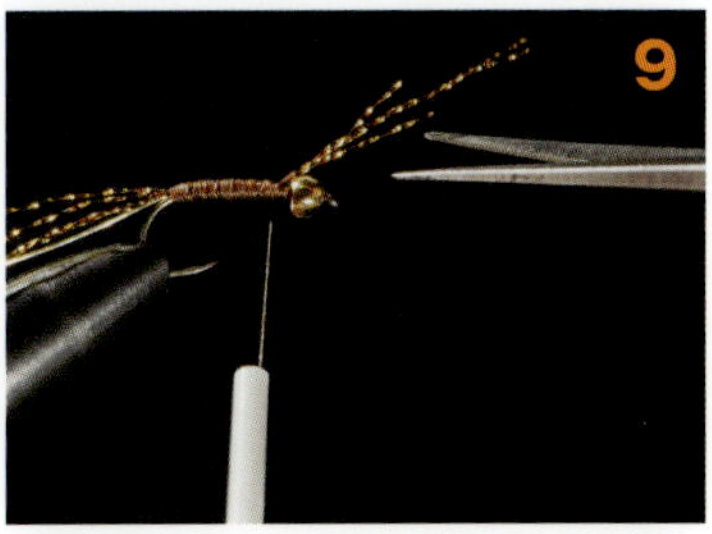
9

頭側の余りはハサミでカットする

10

ダビング材を指でちぎって少しずつスレッドに乗せる。指を湿らせると作業しやすい

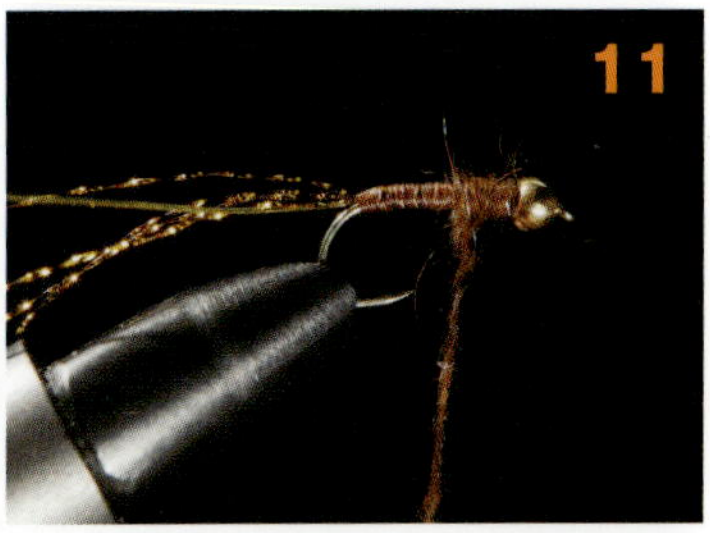
11

ダビング材とスレッドをまとめて指で持ち、強くよじったらビーズの後ろからハリに巻いて行く。ダビング材はその都度付け足しながら少しずつ巻いて行けばよい

12

スレッドの上を往復してビーズの後ろで巻き終える。ダビング材はしっかりボリュームが出るくらいの量がよい

13

取り付けておいたワイヤをビーズに向かって斜めに5回くらい巻く

14

ビーズの後ろでワイヤとスレッドを交差させる

15

スレッドを数度巻いてワイヤを固定。余りはカットする

16

カットしたワイヤの端はビーズの中に入れてスレッドでならす

17

ハーフヒッチでスレッドを一度固定する。留める位置はビーズの後ろ。指でしても、写真のようなツール（ハーフヒッチャー）を使ってもよい

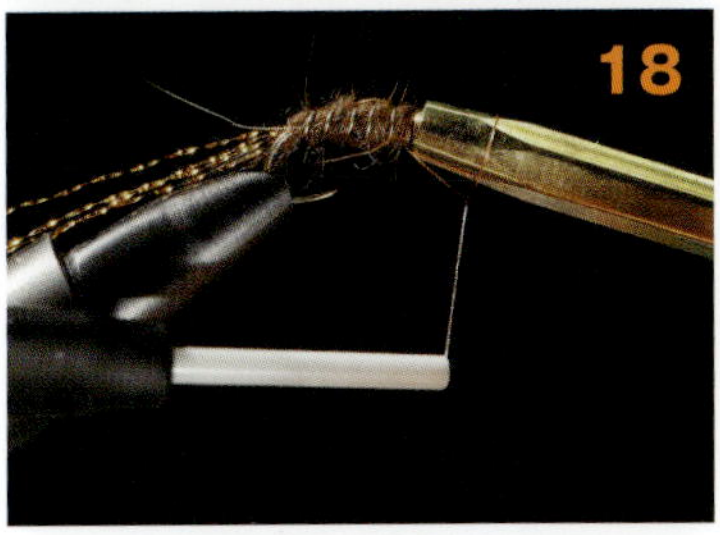
18

ハーフヒッチャーを使う場合はビーズを中に入れるようにする

19

まち針などの先に瞬間接着剤を取り、ビーズの後ろに少量を垂らして補強する

20

スレッドの余りをカットしたら、フラッシャブーも適量を残してカットする

21

ダビング材が毛羽立つようにまち針の先などでラフに掻き出したら完成

ブナ虫浮《ぷか》浮《ぷか》（吉田孝）

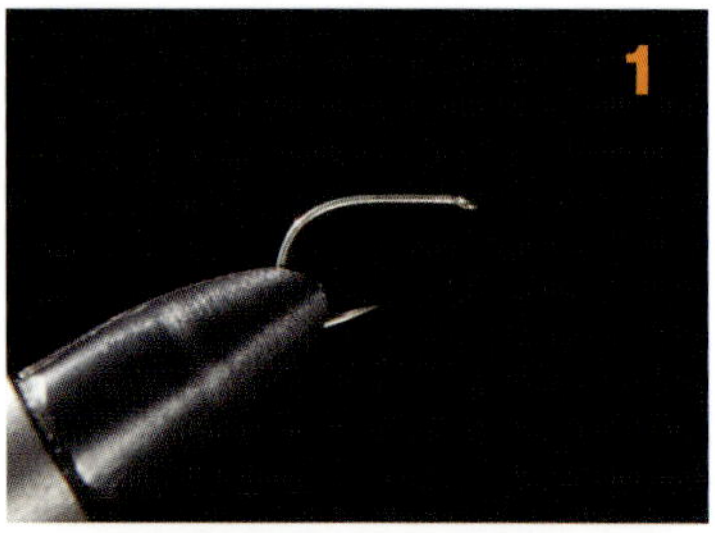

シャンクがまっすぐでフトコロが広めのテンカラバリを使用

蛍光色のスレッドを１往復巻く

フォーム材の端を斜めにカットする

材料・ツール

①ボビンホルダーにセットした蛍光色のフライタイイング用スレッド②グリーンの EVA フォーム材（1/8インチ径）③サドルハックル（ニワトリの腰部分の羽根）④テンカラバリ４号

ハリの上部にフォーム材を取り付ける水面に浮かべて使うパターン

4
切断面が上になるようにしてフックに添える

5
切断面をスレッドで潰すようにして写真の
位置にフォーム材を固定したら、スレッド
を前寄りに移動しておく

6
サドルハックルの根本のファイバーを少し残す
ようにしてハサミでカット（クシ状になる）

7
サドルハックルをフックに添える

8
クシ状になった部分をスレッドでハリに
留め、スレッドをアイの近くに移動して
おく。クシ状にしておくことで留めたハ
ックルが抜けにくくなる

9
サドルハックルをアイ側に向けて巻く

10
巻く回数は５～６回

11
サドルハックルをスレッドで固定する。
余りはカット

12
ハーフヒッチでスレッドを固定する

13
ハリの上側のハックルをハサミでカットする。
正面から見るとこのような形になる

14
フォーム材を折り曲げてハリの真上に被せる

15
アイの後ろでフォーム材にスレッドを掛ける。
スレッドは初めの１回目を緩く、２回目以降に
きつく掛けるようにするとフォーム材をちぎら
ずにしっかり固定できる

16
ハーフヒッチでアイのすぐ後ろに
スレッドを留める

17
ハリの下側からハーフヒッチした部分に
少量の瞬間接着剤を垂らす

18
スレッドの余りをカットし、フォーム材の
端を斜めにカットしたら完成

Column

テンカラとフライフィッシング

日本を訪れたイギリス人テンカラファンの自作毛バリ

現在、海外のフライフィッシング専門誌でも「テンカラ」はたびたび取り上げられている。また、日本のテンカラを実際に体験してみようとやってくる外国のアングラーも着実に増えてきた。

フライフィッシングはよく言われるようにフライパターンが非常に多い。ただ、そのような形で釣りが発展したのはフライフィッシングの長い歴史の中では比較的新しい時代になってからである。

毛バリ釣りは西洋ではとても歴史のある釣りで、古くは15世紀頃の記述が確認されている。大陸ヨーロッパを含む広い地域で毛バリ釣りが行なわれていたが、やがて18～19世紀の繁栄を謳歌するイギリスで一気に発展した。

鮮やかな鳥の羽根をふんだんに使った貴族がサケを釣るための大型の毛バリ（サーモンフライ）、水生昆虫の成虫や亜成虫を模した水面に浮かべて使う毛バリ（ドライフライ）、水生昆虫の幼虫を模した毛バリ（ニンフフライ）などが次々に生まれる。

時代が変わってもそうした西洋流の科学主義・合理主義がフライフィッシングの中には色濃く受け継がれ、現在に至るまで続いている。

海外のテンカラファンにはフライフィッシング経験者が多い。彼らに共通するのは日本的な「余分を極力省く」アプローチに自分たちが慣れ親しんできたのとは違う意味での合理性を見出していることだ。

岐阜県の石徹白川でイワナを釣る。ヨーロッパやアメリカにも
日本の渓流によく似た環境の釣り場は思いのほか多くある

パート1

初めてのテンカラ

テンカラはどんな道具でどこでやる？
まずは釣りの概要を理解しよう。

テンカラで魚と遊ぶために

テンカラはそのシンプルさと道具の少なさから、
１種類だと考えられることが多い。
けれども、実際は各人各様、同じテンカラといっても多くのやり方がある。
毛バリを動かして誘う人がいれば、自然に流すことをよしとする人もいる。
川幅のある本流で長ザオを振る人がいれば、
山奥の源流へ分け入り沢を釣ることを好む人もいる。
ベテランたちは、それぞれの釣り場でターゲットに応じた道具と釣り方をしている。
ここではまず、どんなテンカラを楽しむようになるにしても、
覚えておきたい用語や基本を解説しよう。

解説者は「TOKYO トラウトカントリー」などで入門者向けのテンカラスクールも実施している吉田孝さん

毛バリ１本をいかに操作するか？
そのためには道具も大切

釣り場では静かに自然に溶け込む「木化け石化け」が基本

シンプルだからこそ道具にはこだわりたい

テンカラで使用する道具は、大きく分けて「サオ」「ライン」「ハリス」「毛バリ」の4つ。まずはそれらを項目別に解説しよう。

【サオ】ラインとのバランスも考える

テンカラザオには長さ、硬さ、調子、重量、仕舞寸法で、それぞれ違いがある。基本的には釣り場の川幅と、周囲にある障害物（一番の障害物は岸沿いの木とその枝になるが）により使い分けるのがよい。

まず長さだが、広い場所、周囲に障害物のない場所なら長いサオでよい。川幅の狭い場所や、川の上にまで木々の枝が張り出しているような場所では短いサオを使用する。そうしないと毛バリをそれらの木や枝に引っ掛けてロスしてしまう。もちろん、これはラインやハリスの長さとの兼ね合いもある。

一般的には、本流や大源流といわれるような大場所、開けた里川などでは長いサオをおすすめしたい。逆にヤブ沢といわれる小渓流や、狭くて階段状の渓相の続く山岳渓流などでは、短いサオを使うのが基本である。

次に調子と硬さについて。中心付近からしなるサオや軟らかいサオは、穂先の振れ幅が大きくなる分、振り込みの際にラインの軌道も前後に長くなりやすい。そのため周囲にそれなりのスペース

コンパクトに携帯できるテンカラザオ。お店で選ぶ際は実際に伸ばして振らせてもらおう

が必要になる。また魚を掛けてから手もとに寄せるまでは、硬いものに比べて寄せにくくなる。ただし、その特性からメリットもある。まず軽量のラインを振り込みやすい。また、魚の引く力をサオが吸収してくれるため、バラシが少なくより細いハリスを使える。

サオの胴が硬く張りがあり、先端部付近が曲がるいわゆる先調子のサオは、サオの振れ幅が少ないため軽量ラインを飛ばしにくい。ただし重量のあるラインと組み合わせれば、振れ幅の少ないぶん、よりコンパクトな振り込みが可能になるので、周囲に障害物の多い場所ではトラブルが少なくなる。魚は寄せやすいため、水中に障害物のある場所や、魚をすぐに手もとに寄せないといけない場合には威力を発揮する。そのほか、アワセの力がハリ先まで伝達しやすいので、特に細いハリスを使用した場合には、アワセ切れをしないよう注意が必要になる。

サオの重量は軽いに越したことはなさそうだが、軽さを重視しすぎると強度が落ちてしまう。簡単に折れてしまうようではぐあいが悪い。サオは重量で選ぶというより、実際に手にした時の持ち重り感や振り感で選ぶとよい。たとえカタログ上の重量が他より重くても、サオ先よりサオ尻付近に重心があるものは、手に持った時のバランスがよい。そのようなサオであれば、その重さは実際には気にならない。

サオを選ぶ際は、実際にそのサオを伸ばして振ってみること。もし可能なら、使用するラインやハリス、毛バリ（または似たような空気抵抗と重さの毛糸など）を付けて振って判断するのが一番である。

サオの仕舞寸法については、釣り場までのアプローチが楽な場合はどのような長さでもよい。だがアプローチで山道を歩いたり、沢歩きが長いような場合には短いものが便利。源流などでサオを畳んでソ行する場合も、仕舞寸法は短いに越したことはない。しかし仕舞寸法が短くなるということは継ぎ数が多くなるわけで、必然的にその重量がかさむことになる。

ラインは軽量な単糸のレベルラインが近年の主流。ただしキャスティングの感覚を覚えるには重量のあるテーパーラインも使いやすい

【ライン】
基本は重いか軽いかの2種類

ラインについては、大きく2種類に分けられる。ひとつはフロロカーボンのレベルライン（均一の太さのもの）に代表される、単糸（モノフィラメント）の軽量ライン。もうひとつは主に縒りイトで構成されていて、先端にいくほど細くなるテーパーラインである。

ほかにもフライフィッシング用のラインや、単糸でありながらテーパーラインになっているもの、あるいはブレイデッドライン（編みイト）などもある。

その中から最初にどれを選ぶべきかについては、まずは大雑把に軽量のものと重量のあるものに分けて考えればよい。ちなみにサオに適合するラインが表記されていることがあり、たいていは「レベルライン用」「テーパーライン用」「どちらも使える」というようなことが書かれている。レベルライン用とあるものは軽いラインを振り込みやすいタイプで、テーパーライン用は重めのラインに対応できると考えればよい。つまりラインの選択はサオ選びにも関係する。

フロロカーボンの単糸は、軽いラインの代表。振り込みに少々練習が必要になる。しかし、その直径の細さから着水後に流れの抵抗を受けにくい。また張りのある材質によって直進性もあり、感度（アタリが手もとに伝わる感覚）も優れる。軽いとはいえ、ナイロンなどよりは比重もあるので、毛バリを深い場所まで沈める場合も都合がよい。

レベルラインは先端から手もとまで同じ太さなので、釣り場で切り詰めることもできる。なお、最近は製品の改良も進み視認性も向上したが、ラインの変化を目で見て合わせる場合、特に逆光時には見にくい場合がある。

一方、比較的重量のあるテーパーラインのよさは、簡単に振り込みができることだろう。それなりに重さがあるため、振り込む際の前振り（フォワードキャスト）と後ろ振り（バックキャスト）のタイミングも取りやすい。テーパーラインは根もとから先端部にいくにしたがって細くなっているので投射性がよい。また、色によっては視認性もよいので、ラインの変化でのアタリも取りやすい。

ただし、テーパーラインは長さが決まっているため、釣り場に応じていろいろな長さのラインを事前に準備しておく必要がある。

レベルライン、テーパーラインはどちらも一長一短がある。釣りの目的に合わせたラインを選ぶのがよい。

ハリスは他の釣りでも使用する一般的なナイロンラインやフロロカーボンラインと同じものだ

【ハリス】

材質より太さを選ぶ

一般によく使われるハリスには、ナイロン製とフロロカーボン製がある。慣れてくると2つを好みで使い分けることもできるが、まずはどちらを選んでも問題ない。

渓流魚は毛バリをガリガリとかじるように食べるわけではなく、水と一緒に吸い込むように捕食している。そして、その毛バリはハリスに結んである。そのためハリスに掛かる水の抵抗、あるいはそこにつながるラインやサオは、魚が毛バリをくわえる際の抵抗になる。また場合によっては、ハリスを見ただけで逃げてしまう魚もいる。

ハリスに掛かる水の抵抗を減らし、魚から見えにくくするためには、当然細くすればよい。だがテンカラの場合は振り込みやアワセ、最後は手でラインを持ってたぐるということを行なうため、細すぎたり軟らかすぎるハリスは、アワセ切れをしたり、振り込む時に絡んだりトラブルが頻発してしまうことになる。

また木の枝や底石に毛バリを引っ掛けてしまった場合、細すぎるハリスは切れてしまいハリスや毛バリを自然環境に残すことになるため、できればこれも避けたい。そして毛バリのサイズとのバランスも考慮する必要がある。小さい毛バリに太すぎるハリスや、大きな毛バリに細すぎるハリスを使用するのは、やはりバランスが取れないものなのだ。

とはいえ、テンカラはノベザオの釣りで、渓流なら対象魚のサイズも尺クラス（30㎝）までがほとんど。したが

水面に浮かべて使う毛バリはフライフィッシングで使われるドライフライを流用する

水面下に漂わせて使う毛バリはテンカラで昔から用いられてきた代表的なパターン

最近はフライフィッシングの影響でビーズ（オモリ）をハリに付けた深く沈むパターンも使う人が増えている

って、それほどたくさんの種類のハリスが必要になるわけではない。目安として、そこにいるであろう魚の大きさに合わせ、渓流ではフロロでもナイロンでも0・6号、里川やニジマスの多い管理釣り場では0・8号程度が基準になることが多い。

毛バリについては、はっきりいって「正解」は見つけにくい。古今東西百人百様、先人たちの考察から個人的な考えまで、どれなら釣れる、あるいは釣れないということは一概に言えない。それでも、現在は情報が多く出回っているだけに迷うこともある。

まず最初に考えるべきは「今ここにある毛バリだけを使って、その毛バリをくわえる魚を釣る」のか、あるいは「今そこにいる魚に対して、あの手この手で毛バリを替え、どうにか食わせて魚を釣るのか」ということ。

現在は何十年も前のように、どこの川にもたくさんの魚がいるというような時代ではない。おそらく以前よりも、毛バリを使って簡単に魚が釣れる状況ではないだろう。ただ、昨今は毛バリ釣りの最盛期といわれる季節だけでなく、管理釣り場を含めれば一年中どこかでテンカラを楽しむことができる。

魚をどうにかして釣りたいと思えば、季節、水温、エサとなる水生昆虫や陸生昆虫、それらがどのように流下してくるのかを考え、それに対応するように、やはり毛バリには多様性が求められるということも言える。もちろん、毛バリの交換は手間も掛かるし面倒なこともある。

それでも、川で魚を見つけ、いろいろな角度から同じ毛バリを振り込んでみたが、魚は見向きもしない。ところが、毛バリを替えたら、1投目で食いついたということが実際に起きる。なぜ毛バリを替えたら、食ってくれたのか？　その理由は魚に聞いてみないと分からない。毛バリを交換することで、魚がその毛バリをエサと認識する、何らかのファクターが働くことがある。

ただ、すべての状況や条件に対応した毛バリを準備していくのは、現実問題として無理がある。そこで、たとえば水面で使うことを意識して使う毛バリと、水中で使うことを意識して使う毛バリ、明るい色の毛バリと暗い色の毛バリというように、まずは大まかな性質が異なるものを最低限そろえておくのがよい。

たとえば水面で使う毛バリでその色の濃淡を変えたものと、さらに水中で使う毛バリでやはり色の濃淡を変えたもの、最低で4種類の毛バリを用意する。

ただし、実際はそこにサイズのバリエーションも加わるので、それなりの数になる。

毛バリはどれを使うか迷うのも楽しみのひとつである。まずは4種類＋サイズ違いを意識してそろえてみるとよいだろう。

【釣り場】これによって道具は変わる

テンカラの主な行き先は渓流である。ただ、渓流とひと口にいっても、源流、里川、本流、さらには管理釣り場といったぐあいでバリエーションは多い。また、源流ひとつとっても、開けた大場所からヤブ沢などの小さい流れまでさまざまだ。

また、渓流魚が主に捕食している水生昆虫は、その場所の水温に深く関わって生活している。つまり季節によって、渓流魚が毛バリを追う行動も変わってくる。

それらは、サオ、ライン、ハリス、毛バリはどのようなものを使えばよいのかの選択に影響する。道具だけでなく、その場所に応じた装備も必要になる。

膝くらいまでの比較的浅い流れが多い川は入門者に釣りやすい

落差があり水深のある淵が連続するような川はより上級者向き

道具はよし。釣り方の基本は？

道具がそろえばあとは魚を釣るだけ。とはいえ、何の準備もなく川に立っても、
渓流魚を手にするのはなかなか難しい。
渓流魚に対する基本的な知識や、テンカラ釣りの流れを押さえておくことが必要だ。

【対象魚】それぞれに個性あり

テンカラでねらう主な渓流魚は、イワナ、ヤマメ、アマゴになる。魚によって、それぞれ生息している場所や性質は違う。

渓流の最上流にまで生息しているイワナは、物陰を好む性質がある。流れの中心部に出ているよりも、岩の陰や岩盤沿い、流れの脇にできる反転流などにいて、流下してくるエサを待っていることが多い。もちろん状況によっては、表層に浮かんで水面を流れてくるエサを捕食している。

そのためイワナをねらうなら、岩陰や物陰に毛バリを振り込み、岩盤などに沿って毛バリを流すことが基本になる。先行者が水面や水面直下を流した後でも、先のポイントに毛バリをキッチリと沈めて流すと釣れる場合もある。

一方ヤマメの場合は、流れに出ていることが多い。特に盛期は「瀬」と呼ばれる流速のある場所でも釣れる。水面や水面直下での捕食も多いため、毛バリもそういった種類のものを使うことが多い。ヤマメは神経質なところがあるため、一度驚かせてしまうと同じ

イワナが多い川なら１つの石の周りをじっくり釣る、ヤマメの多い川なら開けた場所に絞ってテンポよく釣り上がるなど、魚に合わせた釣り方もできると釣果が伸びる

魚はなかなか釣れない。そのため毛バリを振り込む際は、できるだけ丁寧にやったほうがよい。アマゴの場合も、ヤマメと同様である。

いずれにせよ、その時々の川の状況と魚の状態（水温、水量、流速、魚が浮いているのか沈んでいるのか）を考え、こちらの釣り方を考えていかないとならない。

【アプローチ】
慎重すぎて困ることはない

実際にサオをだす前のアプローチだが、これは釣り場によって違う。たとえば開けた本流で、長いサオにロングラインを使用して遠くのポイントを釣る場合、水辺に近づいたり水中に立ち込むのにそれほど神経を使わなくてもよい。だが狭い沢で同じように水際に近づけば、付近にいる魚は逃げてしまう。

また水面がざわついている場所なら、こちらの姿や気配を消してくれるが、鏡のように静かな水面だと、こちらの姿は魚から丸見えである。自分と魚の間に距離や遮蔽物があるかないかを考え、「木化け石化け（木や石になったように気配をなくす）」という言葉のごとく、なるべく魚を驚かさないよう、静かにポイントに近づいて自分の立ち位置を決めることが重要である。

水面をのぞく時は腰を屈めるなど、毛バリを投げる前の段階で魚に気づかれないことが大切

【振り込み】
重要なので練習を

自分の立ち位置が決まったら、ポイントに毛バリを振り込む。釣り場によっては振り込んだイトが水面を叩いたり、サオなどの影によって魚が逃げてしまう場合もある。

特に何度も空振り（フォルスキャスト）を繰り返してから毛バリを振り込むと、そのような結果を招きやすい。できるだけ1投で決めるつもりで振り込んだほうがよい。そのためには正確に毛バリを振り込めるよう、練習を積んでおかねばならない。

魚を見つけ「あの魚が釣れそうだ」と興奮すると、緊張からよけいな力が身体に入って失敗しやすい。こういった場面に出くわしたら、毛バリを振り込む前に一度自分の気持ちを落ち着かせるために、深呼吸でもするとよい。また、こちらのミスでのラインブレイクなどをしないよう、振り込む前にはハリスの傷や結び目などをチェックしておくようにしよう。

振り込んだ時の毛バリの着水も、できるだけ静かになるようにコントロー

毛バリを入れるポイントにしっかり目を向けて落ち着いてキャスト

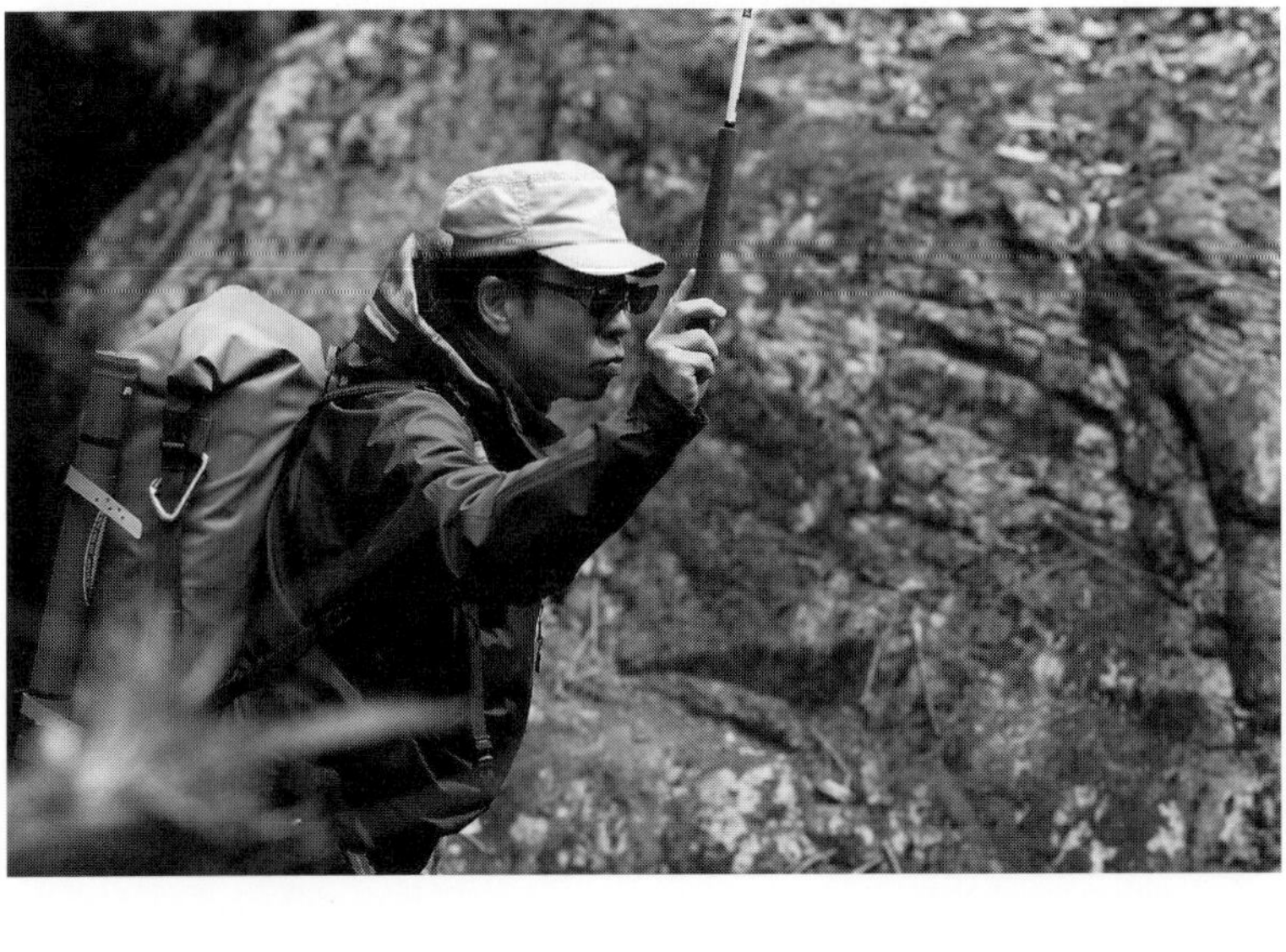

ルしたい。打ち返す時にも少し間をおいてからのほうがよい。無駄打ちは百害あって一利なしで、魚を驚かし、追い込んでしまうだけである。

【流し方】

まずは自然に流す

振り込んだ後の毛バリの操作は、流下してくるエサと同様、自然に流すのが基本になる。それで魚が出ない時には、毛バリを動かして誘う動作をすることもある。いずれの場合も毛バリを流す層を考え、ラインのテンションをコントロールしなければならない。

ラインが張っていれば毛バリは浮いてくるし、ラインをゆるめれば毛バリは沈んでいく。魚はその時々の状況により、水面近くに浮いていたり、底にベッタリと張り付いていたりする。その魚を釣るために、毛バリを浮かせるべきか沈ませるべきかを考え、それに応じたラインコントロールが必要になる。

テンカラではラインを手繰って魚を寄せる。慣れないうちはランディングネットがあると心強い

【アワセと取り込み】

手繰る時は要注意

魚が毛バリをくわえても、そのまま放っておいてはハリ掛かりしにくい。つまりサオの操作をしてイトを引き、魚の口に毛バリを掛ける「アワセ」という動作をする必要がある。毛バリは本物のエサと異なり、魚にとっても違和感があるため、吐き出してしまう。同じように合わせても、サオの硬さ、ラインやハリスの材質によって、ハリ先まで伝わる力の強さは変わる。細いハリスを使っている場合、強すぎるアワセはハリス切れを起こすことになるので気をつけよう。

そしてテンカラで魚を取り込む際には、気をつけないとならないことがあ

る。ほとんどの場合、ラインとハリスを合わせた仕掛け全長がサオより長いために、最終的にはラインもしくはハリスを手でつかんで手繰ることになる。その時にはサオの弾力を活かして魚とのやり取りができないため、魚が突然暴れたり、泳ぎ出してしまった場合、瞬間的に強い力がハリスにかかって切れてしまう。またハリが魚の口から外れることもよくある。

私の場合、通常はキャッチ&リリースをしているので、魚へのダメージ軽減のためハリはカエシの付いていないバーブレスフックを使用している。するとハリが口から外れることがより顕著になるため、ランディングネットを使用して魚を取り込むようにしている。

ネットがあるとよりスムーズに取り込める

【集中力と情報収集】

まずは釣れると信じること

テンカラには「集中力」が必要だ。道具や心構えなどの準備をどんなに入念にしても、流れに立った時にどれだけ集中できるかで、テンカラの釣果には大きな差が出る。たとえば次のような場合が想定できる。

・ポイントに正確に毛バリを振り込む。
・毛バリを意識し（見えても見えなくても）魚からのアタリを感じる。
・アタリを感じたら合わせる。
・渓流というフィールドで、怪我や事故に遭わないようにする。

ほかにもいろいろとあるが、この集中力が切れてしまうと結果は得にくい。集中力が切れると、雑なアプローチで魚を追い散らし、ムダな振り込みで魚を神経質にさせ、結局は魚が釣れなくなる。挙句の果てに熱くなった頭で判断が狂い、思わぬ怪我などをしてしまう。

このような状況に陥らないためにも、意識して休憩を取るなどして、集中力が切れないようにすることが大切だ。あらかじめ時間を区切って釣りをするほか、気分転換には、深呼吸をして周囲を見回す、携帯食を口にして飲み物を飲むなど、釣りから頭を切り離し、サオを置いて腰を下ろして休むようにするとよい。

また、川に出掛ける時は、安全面を考えても明確な釣り場情報を頼りに入渓したい。アドバイスがしっかりとなされた釣り雑誌の記事や渓流釣り場のガイドブックがやはりおすすめだ。

なお、他人の釣り方や釣果の情報はあてにならない場合がある。同じように自分自身が前回よい釣りができたからといって、毎回同じ仕掛けや同じ釣り方で同じ答えが出るとは限らない。相手は自然や生きものなので、その時々によって釣り場の状況や魚の状態は違う。常に自然の状態を自分の肌で感じ取り、臨機応変、魚に合わせた釣りをすることが重要だ。

渓で飲むコーヒーは美味しい。集中力が欠かせないからこそ気分転換も効果的だ

これで出会える初めての渓流魚

実践・テンカラ道場Q＆A

水面を割って毛バリに飛び出すイワナ。
そんなスリリングな光景を目にするためには、
何ができるようになればよいのだろう?
テンカラビギナーに役立つ基本的な釣りの流れを、
生徒二人がベテランの先生に教わる。

◀ビギナー二人の質問に答えるのは石垣尚男さん。テンカラ釣り歴30年以上。各地の入門者向けのスクールで講師を務め、近年はアメリカやヨーロッパなど海外でのテンカラスクールの機会も増えている

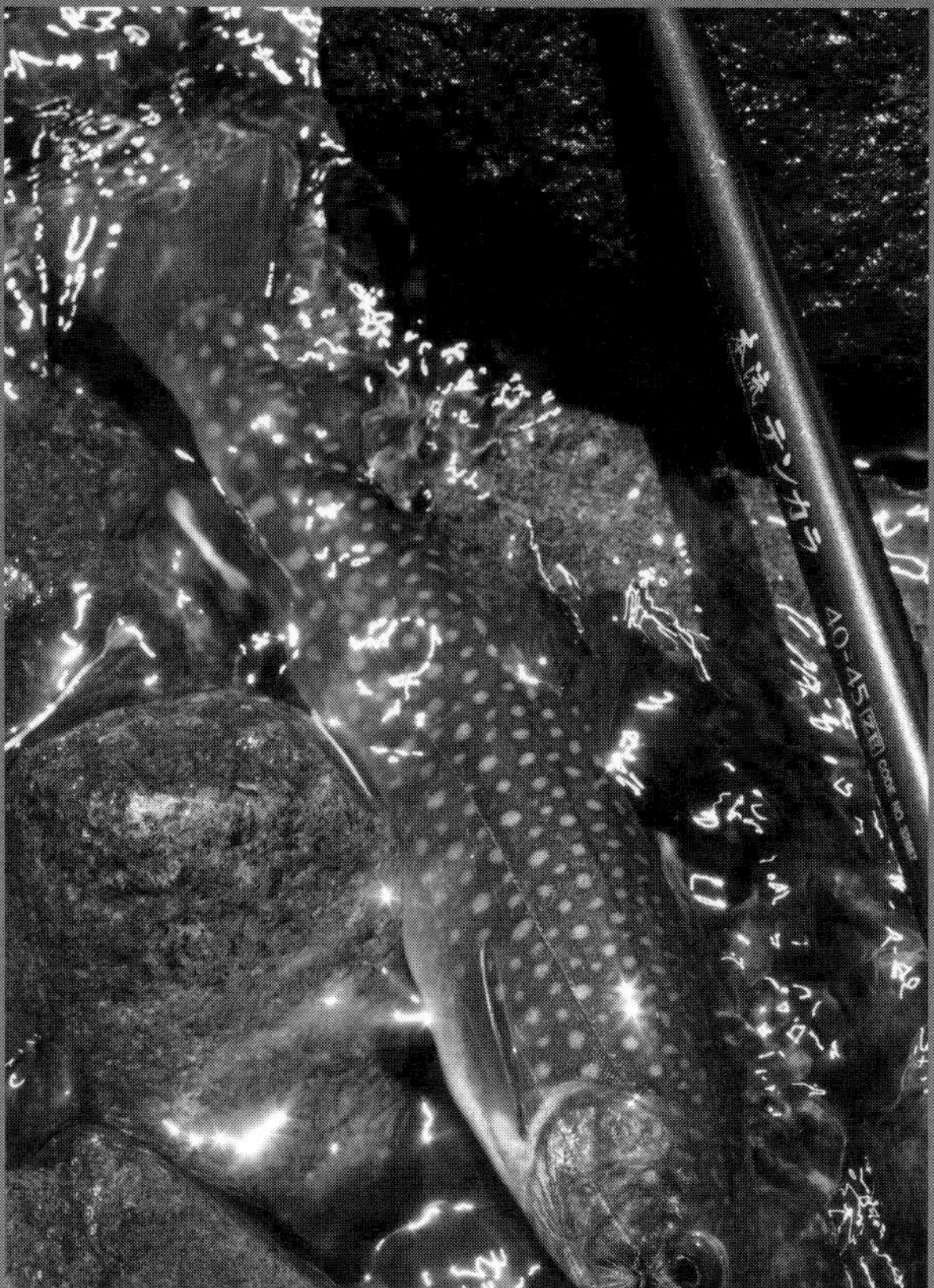

◀初めてサオを振った日に魚に出会うのもけっして夢ではない

◀テンカラザオを振ったことはあるが、魚が毛バリに飛びつく興奮を味わったことはナシ。他人が釣れるところは見たことがあるので、ぜひ自分もと期待している30代

▶渓流のエサ釣りは長年愛好してきたが、テンカラではまだ渓流魚を釣ったことはない同じく30代。偽物のエサでイワナやアマゴが釣れるのかはまだ半信半疑

Question 1

◉テンカラで釣れる条件
ヤマメやイワナはいつ釣れる？ 好む水温は？ 川の条件は？

M 今日は4月の後半。そもそも、テンカラに一番よい季節はいつ頃なのですか？

石垣 地域によって違いますが、ベストシーズンといえるのはだいたい6月頃です。日本の渓流は春に釣りが解禁になり、その後9月いっぱいまで釣りができるところが多いですね。6月の前後やシーズン終盤も釣れますが、ただし夏の暑い時期は、朝夕のマヅメ時にならないと魚がなかなか出ないこともあります。石徹白《いとしろ》川は比較的標高の高い所にあるので、4月下旬はまだ川の水温が低い状態。テンカラはもう楽しめますが、日が上って水温が上がり出す、午前9～10時にのんびり釣り始めればちょうどよいといった感じです。これが6月なら早朝から釣れるでしょう。

M 水温はどれくらいがよいとされているのですか？ 毛バリはカゲロウなどの水生昆虫を模していると思うのですが、たしか10℃くらいからがそれらの虫が羽化する水温だと思います。

S 川の水量はどうでしょう？ 増水時のほうが、エサがたくさん流れそうなので魚の活性も上がるように思います。ですが、エサ釣りと違って毛バリを表層に流すことが多いテンカラは事情が違うかもしれません。もしかすると水が少ないほうが有利なのかな？

石垣 水温に関していえば、渓流魚が活動的になると言われている11～14℃がベストといってよいでしょう。ただ、これはあくまで目安で、水温と魚の活性の関係は相対的なものです。つまり、同じ水温でも魚の活性は変わってきます。たとえばその日の水温が12℃であっても、前日の水温が14℃でそこから一気に下がったのだとしたら、これはあまりよくありません。逆に10℃であっても、前日が8℃でそこから2℃上がったのだとしたら、魚の活性は上がり毛バリへの反応もよくなると期待が持てます。

M なるほど。

石垣 水位については、S君のいうとおりで、どちらかといえば減水気味がいいですね。増水時は確かに多くエサが川に流れるけれど、その時の魚は水中を流れるエサを食べることが多いようです。テンカラはやはり魚の興味が表層に向いている時に有利です。これは感覚的なもので表現しづらいのですが、川を見た時に流れる水が「ねっとり」している時はよく釣れることが多いと感じます。あとは天気が崩れる前は魚がエサをよく食べるようになるため、雨が降る直前にそのような水面の状態だと魚の毛バリに対する反応はことさらよくなると感じます。

シーズン初期から水温が上がりやすい、開けた流れのある川がテンカラ入門には最適

やって来たのは岐阜県の石徹白川とその支流の峠川。峠川にはイワナとアマゴが多く泳ぐC&Rエリアが設けられている。詳しい釣り場紹介はP114に掲載

Question 2

◉毛バリの選び方
どんな毛バリが釣れる? 使いやすい毛バリは?

石垣　さて、毛バリについて質問です。入門者の方によく「どんな毛バリが釣れますか?」と聞かれるのですが、二人は次の4つならどの要素が大切だと思いますか?

①色
②形
③大きさ
④見やすさ

M　フライフィッシングでは、精巧な毛バリを用意しますよね。マッチング・ザ・ハッチと言って、その釣り場で魚が捕食している水生昆虫に似たものを使いますし。となると、やはり①、②、③はどれも大切なのでは?

S　まったく見当が付かないのですが、とりあえず見やすいもののほうがよさそうですね。だって、毛バリを見失ってしまったら釣りにならなさそうですから……。ですので、すべて大事で④も重要だと思います!

石垣　なるほど。でも、二人とも「正解」とは言えません。

M　え? マッチング・ザ・ハッチは大事じゃありませんか?

石垣　まず、毛バリは何でもいいです。いや、そのような言い方には、正確には語弊があるのですが、とはいえ色、素材、ハックルの種類などは全く気にしないでいいんですよ。

S　いや、でも……!?

石垣　整理してご説明しましょう。一応、まず大切と言えるのは毛バリの大きさです。これはフライフックでいう「12番」が標準だと覚えておきましょう。とりあえず、このサイズのものが1種類あれば、たいていの状況はカバーできます。あとはその中で濃淡2色があれば充分でしょう。フライフィッシングには確かにマッチング・ザ・ハッチという言葉がありますが、だからといっていつも必ずそのようなフライで釣るわけではありません。流れの緩い春先の川を釣る時や、ある特定の水生昆虫が羽化している時に、そういった毛バリの選び方をする時もあるということです。テンカラ釣りを楽しむ日本の多くの渓流では、ほとんどの場合、魚は毛バリを選ぶような時間はないことが多いですね。つまり、12番くらいの大きさの、毛バリだか本物のエサだかよく分からないものが流れてきたら、魚もあれこれ判断する前にとりあえずくわえると考えて問題ないのです。

M　12番が標準というのは、どうしてですか?

石垣　フライフィッシングでもよくやりますが、ストマックポンプのような器具を使って、渓流魚の胃袋の中を確認すると、出てくるエサの多くがそのサイズだからです。もちろん、状況によってもっと小さな毛バリしか食わないこともあります。それでも、テンカラを始めたら、最初は毛バリをあれこれ悩む必要はありません。それよりも、キャストや流し方などほかのことに気を遣って上達することが大切です。ちなみに毛バリは見えなくても問題なく釣れるんですよ。その理由は追って説明しましょう。

毛バリはまずサイズが大切。色は濃淡2色あると川によって見やすいほうが変わることがあるので便利だ

Question 3

◉毛バリを流す場所
どんな流れをねらう? エサ釣りとの違いはある?

S　いざ川に立ったらどこをねらったらよいのでしょう?　エサ釣りでもテンカラでも、魚がいる場所は変わらないですよね。基本的にポイントは同じだとは思うのですが?

石垣　そうですね。エサ釣りのポイントとして紹介される、いわゆるICパターンやYパターンなどの緩流部は、テンカラでも同じようにポイントになります。そのうえでエサ釣りとの違いを挙げると、エサ釣りはポイントを流す時、常に線でねらうイメージだと思います。一方のテンカラは、もちろん線でもねらいますが、より点で釣ることもできます。たとえば小さな落ち込みが連続し、ピンポイントで魚の居場所が続くような場合は、テンカラが有利だったりします。

M　水深によって釣り方が変わることはあるのですか?

石垣　毛バリを流す回数、あるいは「これだけねらってだめなら、次の場所を釣ろう」という見切りのタイミングが変わります。水深が30㎝ほどと浅い場合は、3回くらい毛バリを流してダメなら釣れないことがほとんどです。それだけ流せば、魚は気がついているはずですから。水深が深くなるにつれて、毛バリを流す回数は増えます。ただし、最初の1投目が大切というのは浅い場所でも深い場所でも変わりません。水深が1mほどの場所は、テンカラで最も魚が出やすいと感じています。つまり腰くらいの深さの場所ですが、そのようなポイントをねらう時は、ちょっとしつこく毛バリを流しますね。魚は底に定位しているだけではなく、条件によっては中層で定位して水面近くを流れてくるエサを食っています。もちろん、浅い場所では最初から表層のエサによく反応します。

S　エサ釣りをしていると、できるだけ底近くを流したほうが釣れるというイメージがあるのですが、そういう魚だけではないのですね。

石垣　そうですね。それから、川で毛バリを振り込む場所を捜す時の目安ですが、渓流魚が潜む流れのスピードは人の歩く速度の半分ともいわれています。

S　……と言われましても、ちょっと感覚がつかみづらいのですが。

石垣　失礼しました（笑）。つまり流れの強い流心ではなく、その周囲の少し流れが緩くなって水面にシワが出来ているようなところに魚が潜んでいることが多いということです。また、川のヘチ際や石の前、石の下がえぐれているエゴなども好ポイントです。水深が膝下くらいの浅い場所でも、エゴ、つまり魚が身を隠せるような石があれば、魚は入っています。

▲ICパターンは強い流れから外に弾かれた水が、周囲の岸や石の影響で反転しながら再び強い流れに合わさっている緩流部に見られる。石垣さんは流心脇のやや上流に毛バリを振り込み、ICパターンに乗せていく

▼Yパターンは上流の2方向（あるいはそれ以上）から流れて来た水が、石や周囲の地形の影響で1つに合わさる部分に見られる。流れ込むどちらかの流れに毛バリを振り込み、合流部分に毛バリが入るようにするとよい

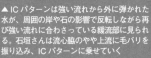

Question 4

◎ビギナーにおすすめのタックル
まず一尾釣るなら、サオ、ライン、全体の仕掛けバランスは？

M　最近のテンカラザオはレベルライン対応とされているものが多いように思います。そして長さは3〜4mのものが多いですね。そのくらいが振りやすいということでしょうか？

石垣　私は入門者の方には、3・6mのサオをおすすめしています。やはりそのくらいが振りやすいからです。ただし、テンカラをいろいろな川で本格的にやろうと思うと、釣り場によってはそれでは物足りなくなることも考えられます。その場合は、4mのサオでスタートしてもよいと思います。サオの調子は、レベルラインの場合7：3や6：4の先調子が多いですね。胴調子のサオはキャストの際にブレが生じやすく、慣れないと正確な振り込みが難しくなります。ただし、広い川を釣るためのロングラインをキャストする場合には、胴に乗らないとラインが飛びません。そのような状況を想定したサオには5：5調子のものもあります。

S　おすすめのラインはあるのですか？

石垣　私が使っているのは、色の付いたレベルラインの3・5号です。毛バリの振り込みやすさ、キャストのしやすさといった点ではテーパーラインが扱いやすい。あるいはレベルラインでも3・5号よりひとまわり太い4号のほうが若干重いので扱いやすくなります。しかし、ラインに重さがあると、それだけキャストした後のラインが手前に寄って来やすくなります。するとポイントによっては毛バリを自然に流しにくくなるのです。そこで3・5号がおすすめになります。このラインをサオと同じ長さに取り、さらにフロロカーボン0・8〜1号のリーダー（ハリス）を1mセットして毛バリを結ぶというのが、入門者の方を含めて多くの人に私がおすすめするテンカラタックルになります。とにかくシンプルなものですが、現在のテンカラ釣りでは標準的なバランスといってよいと思います。

S　リーダーにフロロカーボンを選ぶのはなぜですか？

石垣　フロロカーボンはナイロンよりも張りがあります。そのためキャストした時に先端のハリス部分がスッと伸びてくれるので、私はフロロカーボンをおすすめしています。ただし、ナイロンを選んでも問題ありません。ハリスで大切なのは結び目ができたら交換すること。結び目を放っておくとそこから切れやすくなるので、せっかく大きな魚が釣れた時にチャンスをふいにしてしまうことになります。

M　仕掛け全長はサオの長さより若干長くなるのですね。ちなみにラインとハリスはどうやって結んでいるのでしょうか？

石垣　テンカラ釣りで私が使っているのは、投げ縄結びの改良版1種類のみです。これだけ覚えれば、ラインとリーダー、さらにリーダーと毛バリも結べてしまいますよ。

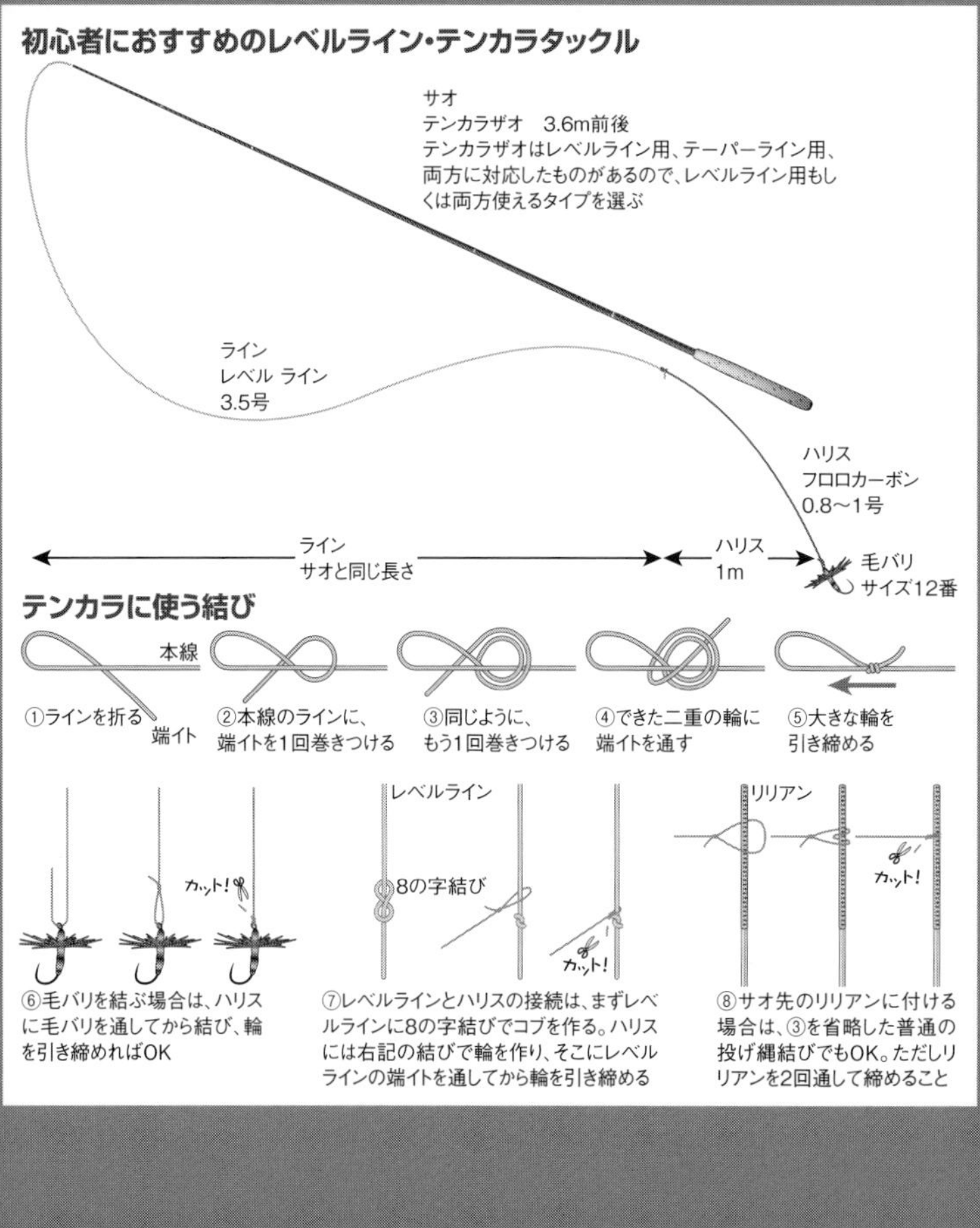

初心者におすすめのレベルライン・テンカラタックル
サオ
テンカラザオ　3.6m前後
テンカラザオはレベルライン用、テーパーライン用、両方に対応したものがあるので、レベルライン用もしくは両方使えるタイプを選ぶ
ライン
レベル ライン
3.5号
ハリス
フロロカーボン
0.8〜1号
ライン
サオと同じ長さ
ハリス
1m
毛バリ
サイズ12番
テンカラに使う結び
本線
①ラインを折る
端イト
②本線のラインに、端イトを1回巻きつける
③同じように、もう1回巻きつける
④できた二重の輪に端イトを通す
⑤大きな輪を引き締める
カット！
⑥毛バリを結ぶ場合は、ハリスに毛バリを通してから結び、輪を引き締めればOK
レベルライン
8の字結び
カット！
⑦レベルラインとハリスの接続は、まずレベルラインに8の字結びでコブを作る。ハリスには右記の結びで輪を作り、そこにレベルラインの端イトを通してから輪を引き締める
リリアン
カット！
⑧サオ先のリリアンに付ける場合は、③を省略した普通の投げ縄結びでもOK。ただしリリアンを2回通して締めること

Question 5

◎キャストの練習法

振り込みのコツは？ どうすればうまく投げられる？

S　テンカラの振り込みにコツはありますか？　キャスティングがうまくなる練習法はあるのでしょうか？

M　とにかく振ってみるしかないのでは？

石垣　それはそうなんですが、それでも効率のよい練習方法はありますし、コツもあります。イメージをお伝えすると新体操のリボンです。

S　棒の先に付いた長いリボンをクルクルと回すあれですか？

石垣　そうです。あの要領で、ラインが頭上でクルクルと円を描くように振ってみます。この感覚が、上手に振り込みを行なううえで大切になります。

S　なんだか簡単そうですね！

石垣　そう。テンカラのキャスティングは全く難しくありません。振り込みの一番のコツは、適正なスピードを知ることですね。そして、頭上で円を描いていられるスピードが、テンカラではまさにラインを真っすぐきれいに飛ばすことのできるスピードになります。その感覚が身につけば、もう振り込みはできたも同然なのです。

M　なんだかすごく気が楽になりました。初めてのテンカラは一日中キャスティングの練習で終わってしまうのではないかと思っていたので。

石垣　そんなことはありません。円が描けたら、今度はそれを楕円にしてみる。そのまま前に傾けていくようにすれば、水面に向けて毛バリを振り込むのに近い状態になります。

S　テンカラの振り込みは、入門者が思うほど難しいものではないわけですね。

石垣　そうです。繰り返しますが基本はシンプルなのです。ちなみにラインの動きは前と後ろで対称になります。たとえば前にラインが上手く伸びない時には、後方でもラインが上手く伸びていません。つまり、前に振る時に上手く行かないという時には、後方に振る時にもそれなりに注意する必要があります。もちろん、後方の障害物や人には充分注意すること。また、後方に振った時、少しタメを作るとスムーズに振り込めるようになります。これはラインが後方に伸びきるのを待って、それから前に向けてサオを振る必要があるからです。逆も同じですが、これができていないと、ラインに結び目が出来たり、上手く投げられなくなります。

M　ほかにもコツのようなものはありますか？

石垣　入門者はサオを振る動作が安定せず、ラインの軌道が安定しないので、川では毛バリを落とすまでに何度も振り直したくなります。しかし、これは避けるべきことで、振り込みは1回で済ませるのが理想。そうすることで魚に警戒されず釣れるようになるからです。そのためには、一度流した毛バリをピックアップする時も、強くピッと後方に引くことです。この動きでしっかりラインを後ろに伸ばし、そのまま次の振り込みにつなげると、キャスティングの回数を最小限にできます。

レベルラインの練習法
新体操のリボンをイメージして、頭上で輪を描く練習。輪が描ける時のラインスピードで振り込む

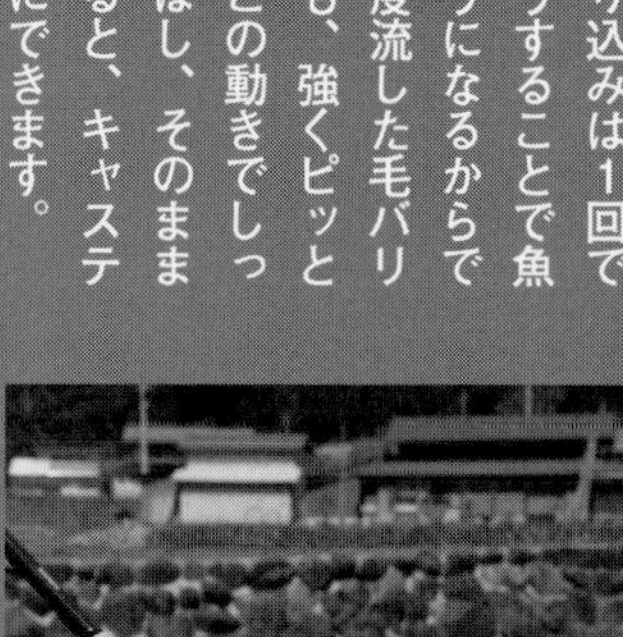

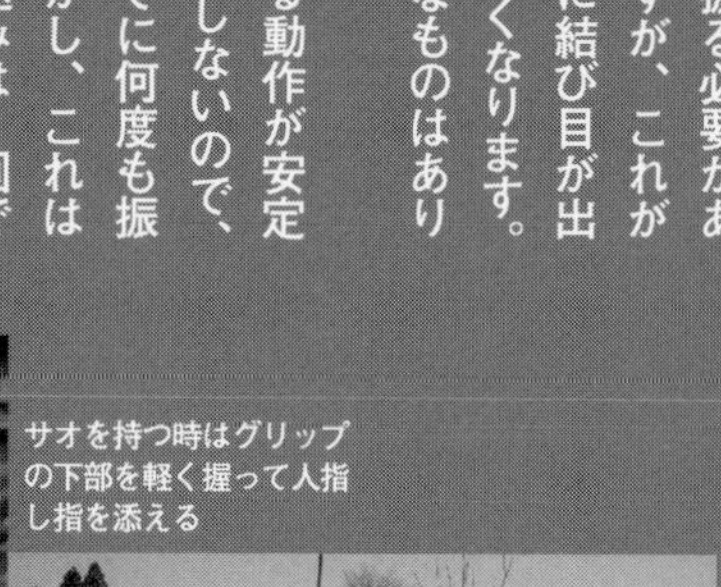

サオを持つ時はグリップの下部を軽く握って人指し指を添える

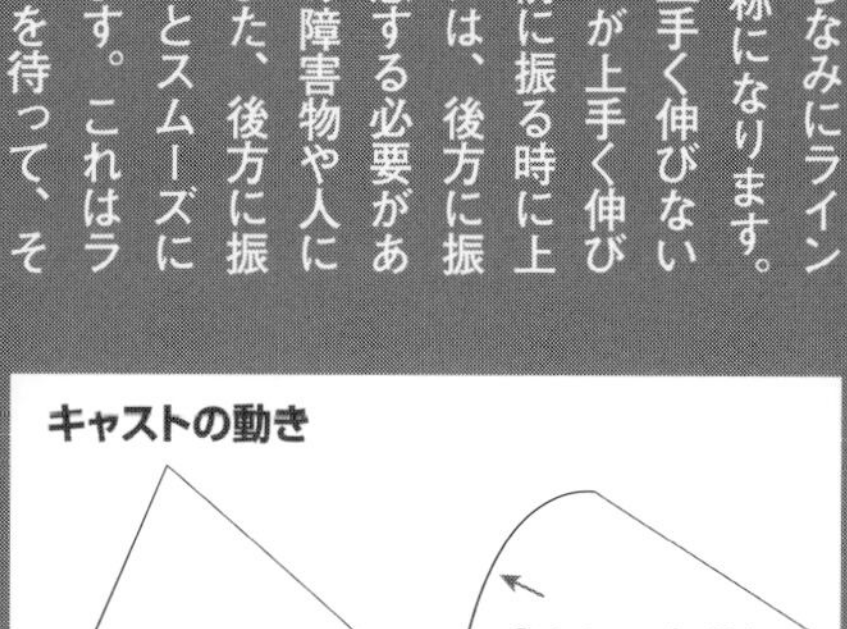
キャストの動き
①ピックアップ前
②ピックアップは鋭く。ただしサオは12時で止めるつもりで
③ラインをいったん後ろで直線にしてから前振りに
④前振りは2時（反対向きは10時）の位置でサオを止める

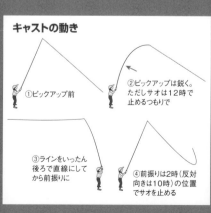

Question 6

◉自然に流すコツ

川ではどこに立つ? 毛バリは動かしてもよい?

M テンカラというと、なんとなく下流側から上流のポイントをねらうイメージがありますが、実際はどうなのでしょうか?

石垣 釣り場によっても違いますが、基本的には自分よりも上流側をねらって釣り上がるのがベストです。ですので、自分の真横から上流側90度までの範囲に、ポイントとしてねらうべき場所が来るようにします(①)。その中でもポイントの真横に立てると釣りやすいですね。ただし、どの角度からねらう時もラインを後ろに伸ばす必要があるので、背後に草木が茂っていたりすればそれは無理です。慣れてくれば自分より下流側に毛バリを流してから釣ることもできるようになりますが(②や③)、この場合は振り込みをする時点で魚に気付かれやすくなります。

M なるほど。立つ位置を決めたら、あとは直接毛バリを魚の居場所に打ち込めばいいのでしょうか? もちろん、それが難しいのですが……。

石垣 ねらうポイントの水深に応じて、少し上流から流し込むほうが、魚が毛バリを見つけやすく、しっかり口にできる確率が高くなります。なお入門者の場合、実際に川に出たらポイントに対してどれくらいの距離を取れば毛バリが届くのかをまずつかむようにしてください。

テンカラでは自分の横もしくは斜め上流にねらうポイントを置きながら、少しずつ釣り上がっていく

S テンカラでは毛バリを流す時に動かして誘うこともありますよね。そのほうが釣れるのでしょうか?

石垣 いや、そんなことはありません。基本的には自然に流すのが一番です。ただし自然に流して魚が出ない場合に、誘いを使うこともあります。しかし、毛バリが不自然な動きをすると、魚が食い損ねてしまうケースが増えます。

M たとえば流心の向こう側に緩流帯があって、そこを流したいとしますよね? その場合、ラインが手前の速い流れに引かれ、上手く流せないような気がします。そんな時はどうすればよいのでしょうか?

石垣 フライフィッシングの場合は、ラインメンディングといって、水面に置いた手前のラインの位置を調整することでなるべくフライが自然に流れるようにしますね。しかし、テンカラではフライフィッシングほど長いラインを使いません。そこで、まずサオを持つ手を高い位置に保持し、サオを持ち上げることで手前のラインが流れに取られないように対処します。この操作で解決できることがほとんどです。つまり手前に流れの速い部分があったら、そこにラインが取られないように浮か

せてしまうわけです。なお、持ち上げるのは太いライン部分で、毛バリが結んであるハリス部分は多少水に付くくらいで問題ありません。そこまで持ち上げてしまうと毛バリを自然に流しにくくなります。あとは毛バリが流れるのにしたがってサオを送り出せば、毛バリが手前に来てしまうのを一定の時間防ぐことができます。

M　毛バリを流すのは水面直下だとよく聞きます。そのほうが釣れるのでしょうか?

石垣　基本は水面下5～10㎝に沈めて釣るとイメージしてください。水面に浮かんでいる、もしくは水面ギリギリの場所を流れている毛バリを食うためには、魚も水面を割って飛びつく必要があります。自分の姿を水面に出すというのは、魚にとってはリスクがあることで、毛バリを少し沈めてやることでその警戒心を解くことができます。もちろん、魚の活性が高く反応がよい場合には毛バリを浮かせて釣ることもあります。そのような状況なら、水面を割って魚が出るほうが面白いですから、沈めることにこだわる必要はありません。なお、魚が毛バリの横でバシャッと出たり、反転して引き返してしまう時は、毛バリに興味は示したけれど、流れ方が不自然だったので最後に警戒されてしまったと考えてください。その時はあと数秒自然に流せるように心掛けることで、釣れる確率がぐっと高まります。

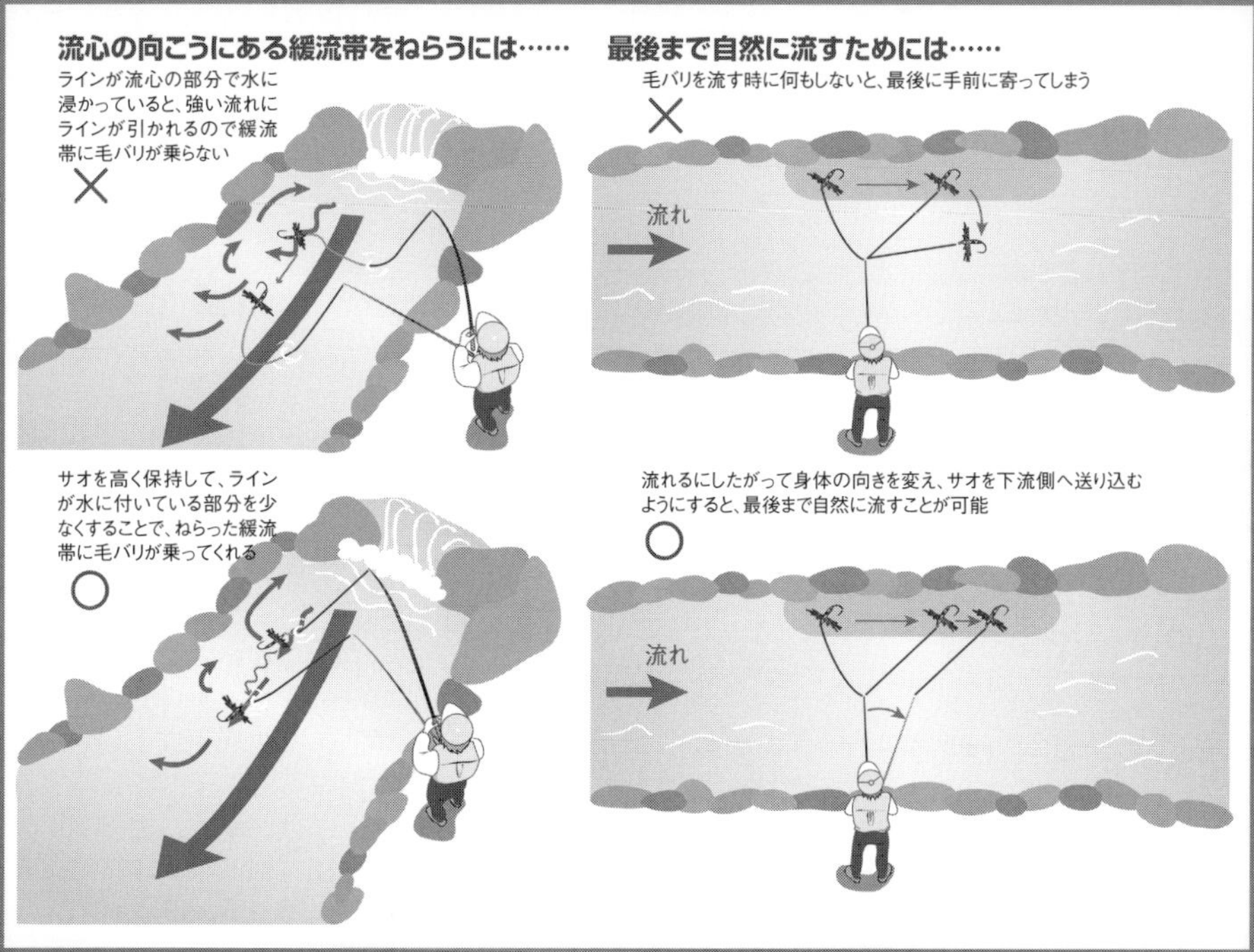

流心の向こうにある緩流帯をねらうには……
ラインが流心の部分で水に浸かっていると、強い流れにラインが引かれるので緩流帯に毛バリが乗らない
×
サオを高く保持して、ラインが水に付いている部分を少なくすることで、ねらった緩流帯に毛バリが乗ってくれる
○
最後まで自然に流すためには……
毛バリを流す時に何もしないと、最後に手前に寄ってしまう
×
流れ
流れるにしたがって身体の向きを変え、サオを下流側へ送り込むようにすると、最後まで自然に流すことが可能
○
流れ

場所によってはやや上流からねらってもよい。その際は魚に気付かれないように腰を低くするなどの工夫も必要

Question 7

◉アタリの出方
魚の反応はどう察知する？何を見ていればよい？

S　エサ釣りでは目印の動きでアタリを取りますが、テンカラではどうするのでしょうか？

M　毛バリにガバッと魚が飛び出れば目で分かりますよね。

石垣　もちろん、そうした派手なアタリもありますが、先ほども説明したように、毛バリは水面下5〜10㎝を流します。すると、そんな派手なアタリばかりではありません。水の下で魚が反転してキラッと輝いたり、影が走ったりするだけということも多いですね。その時、毛バリの位置は必ずしもはっきりしているわけではありません。

M　それでは、アタリなんて取れないんじゃないですか？

石垣　面白いことにテンカラでは人によってアタリの取り方が違います。私の場合は水面下の魚の姿を確認して合わせることが多いですが、その他にラインの動きで取ることも多いです。水面の乱反射を抑える偏光グラスは必需品ですね。しかし、テンカラが上手な人の中には、あえて偏光グラスをしていないという人もいます。そういう人に理由を聞くと、「見えすぎるのも釣りにくい」と言います。

S　どういうことでしょうか？

石垣　アタリを取るために見ているのが毛バリだけではないということでしょうね。毛バリのある流れをもう少し広く見ているのだと思います。私の場合も、毛バリそのものを見ようとしているわけではなく、その周辺に視線を向けて魚の姿を確認したり、ラインの動きを見たりして、何か変化があったら合わせるようにしています。

M　テンカラというと魚が水面を割って出るダイナミックなイメージがありましたが、そう単純なものばかりではないのですね。

石垣　テンカラ用のラインは視認性が高いので、あとはその先1ｍが透明なリーダーであることを考えれば、毛バリがあるだろう範囲はある程度分かります。その範囲内でさまざまな変化を読み取るのが、アタリを取るコツと言えますね。

テンカラでは毛バリの流れている位置をおおよそ把握し、その周辺の水面を広く観察しているとよい。慣れないうちは難しいが、魚が毛バリを見つけて反応すると黒い影が動いたり、水面下でキラリと反射するので気付くようになる

Question 8

◉アワセと取り込み

変化があったらすぐに合わせる? バラさない取り込み方法は?

S 魚の姿が見えたり、ラインの動きに変化があったとして、実際はどう合わせればよいのでしょうか?

M 渓流魚は毛バリをすぐに吐き出してしまいそうです。やはり早アワセが必要なのでは?

石垣 残念。アワセは必ずワンテンポ置いて遅アワセを心掛けてください。

S でも、魚が釣れそうだと思ったら、絶対にびっくりして早アワセをしてしまう気がします……。

石垣 流れの中からいきなり魚がバシャッと飛び出たりすると、いわゆるびっくりアワセにはなりがちです。しかし、やはり遅アワセが大切なんです。魚がバシャッと出る時は、そもそも毛バリが不自然に流れていて警戒されている可能性が高いですが、いずれにしても早アワセでよいことはありません。

M アワセ自体は強く入れたほうがいいんですか?

石垣 強すぎる必要はありませんが、弱いアワセでは充分にハリ掛かりしません。特にサオを高く保持している時は、サオを動かせる幅が少ないので意識的にサオをしっかりと上げることが必要です。

M なるほど。アワセが決まって、いよいよ魚を手にする時はどうすれば?

石垣 テンカラで一番魚をバラシやすいのは、魚を水面で必要以上に暴れさせた時と、魚が岩などにぶつかった時です。それを避けるのが取り込み時の注意点と言えますね。アワセの後はラインを手で繰り、そのままタモ入れに移りますが、この時もコツがあります。タモを水中に入れて魚をすくうのと、一度魚を吊るし上げてタモに落とし込むのとでは、どちらがいいと思いますか?

S フライフィッシングではタモを水中に入れてすくいますか?

石垣 タモを水中に入れると気付いた魚が嫌がって暴れます。テンカラではその時点でラインを手で持っているので、イトが張ってバラしてしまうことがよく起きる。それを避けるために、よほど大きな魚でなければ、一度吊るし上げてから取り込むのが私のおすすめです。0.8号のハリスであれば充分な強さがあるのでまず問題ありません。

M なるほど。ほかにもコツはありますか?

石垣 取り込みまでの間はサオは立てることを意識して、なるべくラインが緩まないように気を付けます。それができれば、カエシのないバーブレスフックを使っていてもバラシが増えるということはありません。キャッチ&リリースを取り入れている釣り場ではバーブレスフックの使用が義務付けられている所が多いですが、基本を守れば問題ないのです。

取り込みはロッドを高い位置に保って魚を寄せ、ハリスをつまんで一度吊り上げたら、そのままタモを素早く取り出して中に魚を入れるとスムーズ

Question 9

◉ビギナーのトラブル対処法

風が強くて投げにくい、毛バリを枝に引っかけた、どうすればいい？

M　一連のアドバイスをいただいてもう釣れる気満々ですが、キャストの時に風が吹いているとなかなか上手く振り込めません。できれば追い風で釣りたいのですが……。

石垣　気持ちは分かります。でも実際に川に立てば風向きはなかなか選べませんよね。向かい風でも釣りたいポイントがある場合、1つはサイドキャストを使うという手があります。こうするとラインを高い位置で操作するよりも風の影響を受けにくくなります。あとは単純なことですが、焦らずに風が弱くなるタイミングを待って投げるのも大切です。

S　風のある時はキャスト後に毛バリを自然に流すのも難しそうですね。

石垣　その時は風上側にサオを倒して、ラインが風にあおられにくいようにするとよいですね。その後もサオは寝かせ気味にして、水面に付いているハリスより上のラインもかなり斜めにします。

S　振り込みに慣れないうちは、毛バリを周囲の木に引っかけてしまうトラブルも避けられません。

毛バリを取れない場所に引っかけてしまったら、まずサオを畳んでなるべくハリに近いイトを持って引っ張る。その際は顔をそむけることも忘れずに。万一勢いよく毛バリが飛んできた時の怪我を予防する

石垣　とても大事な質問です。風の有無によらず、テンカラを始めたら周囲に毛バリを引っかけてしまうトラブルは付き物です。その時に大事なのは、面倒くさがらずにサオをいったん畳むこと。それからラインを引っ張るようにします。このひと手間を惜しんでサオを伸ばしたまま無理にラインを引っ張っていると、何かの拍子にサオの穂先を折ってしまうことがよく起きます。

M　貴重な毛バリは何とか回収したいと思うのですが……。

石垣　その気持ちは分かりますが、毛バリもイトも消耗品。レベルラインならライン自体の値段も決して高くないですし、仕掛けを作り直すのもわずかな時間で済みます。その手間を惜しまない余裕を持ちたいですね。

S　なるほど。何事も心の余裕は大切ですね。

石垣　ちなみに風にあおられて振り込みを失敗したら、毛バリはすぐに引き上げてください。魚に余計に毛バリを見せる回数が増えるほど、「これは偽物のエサだな」と見切られてしまい、当然釣れなくなってしまいます。風があってもとにかく最初の1投に集中すること。テンカラに必要なのは集中力なのです。

自分が流した毛バリで釣れる渓流魚は格別。先生のアドバイスを守った二人は、その後初めての石徹白川でしっかりとイワナを手にできた

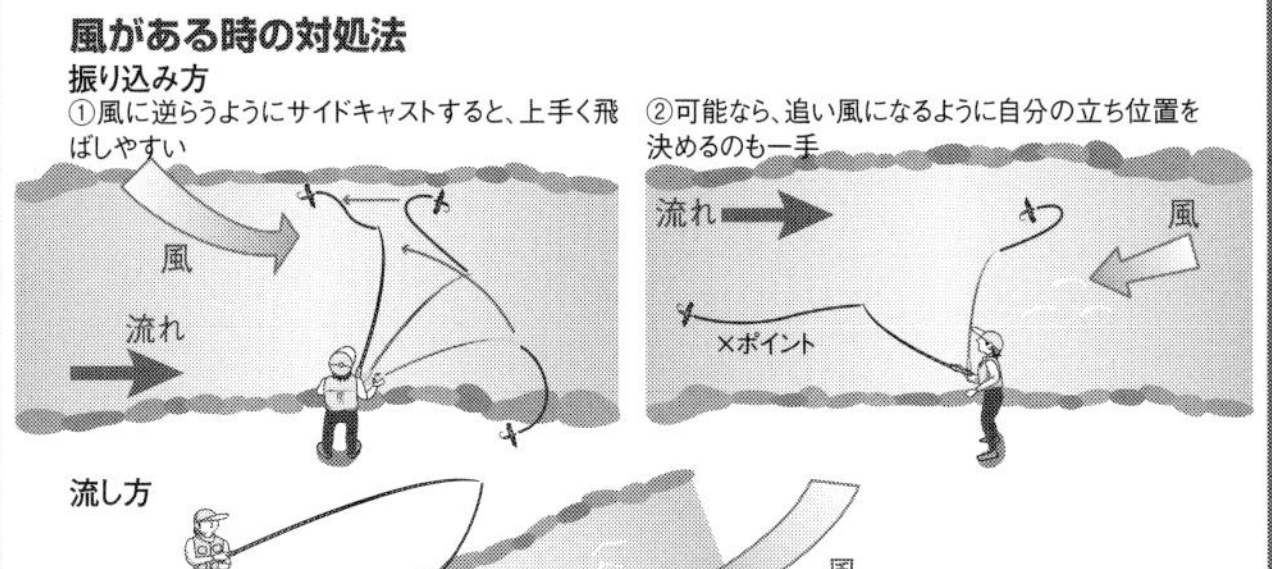
風がある時の対処法
振り込み方
①風に逆らうようにサイドキャストすると、上手く飛ばしやすい
風
流れ
②可能なら、追い風になるように自分の立ち位置を決めるのも一手
流れ
風
×ポイント
流し方
風
風上のほうへサオを倒し、その力をラインで押さえ込むようにする。ラインが水面につく部分より先は、自然に流れるように。流れと風が同じ向きの場合は図とは逆にサオを倒せばよい
流れ

パート2

キャスティング・スキルアップ

テンカラの大きなカギとなるのが振り込み。
ラインを思いのままに操って、
気持ちよく毛バリをキャストしよう。

キーワードは10時と12時
テンカラ
キャスティング絵巻き

テンカラキャストの基本はなんとも単純だ。それでいて、その精度が大きく釣果に影響する。コツの1つはサオの振り幅。時計の針を例に取れば、10時と12時、または2時と12時。この短いアクションでサオの反発力を最大限に引き出す。大切なのはイメージ。ねらった場所に毛バリを落とすための勘所をイラストでひも解く。

キャスティングの基本と道具の選び方

　テンカラのキャスティングは使うサオとラインの種類で、振り上げる速度や振り下ろすタイミングが異なる。しかし、基本形はどんなスタイルも同じだ。まずはサオを12時の位置まで振り上げ、10時（反対向きなら2時）の位置で振り下ろす。この腕の動きを意識しよう。あとはラインの重さを受け止めたサオの反発力で毛バリが飛んでいく。

　まずはグリップの握り方から見ていきたい。親指を上に向けると力が入りやすいと言われる。また、グリップをぎゅっと握るよりは、少しすき間を開けたほうがテコの原理で力を入れずに振りやすくなる。

　サオを振る速度はサオの硬さ、ラインの重さで異なる。サオが硬ければある程度勢いが必要だ。また、軽いレベルラインもしっかり跳ね上げるにはある程度の勢いが必要になる。ただし、この勢いがくせもの。先に述べたように、振り上げたサオは12時の位置でストップしたい。サオを止めずにそれよりも後方まで倒してしまうと、サオから得られる反発力が弱まるからだ。結果、ラインに伝わる力も弱くなって失速してしまい上手く飛ばせなくなる。

　グリップの握り方は、勢い余ってサオを後方に倒しすぎないようにするためにも重要で、人差し指を伸ばしてグリップに添えると手首が後方に反りにく

グリップの握り方

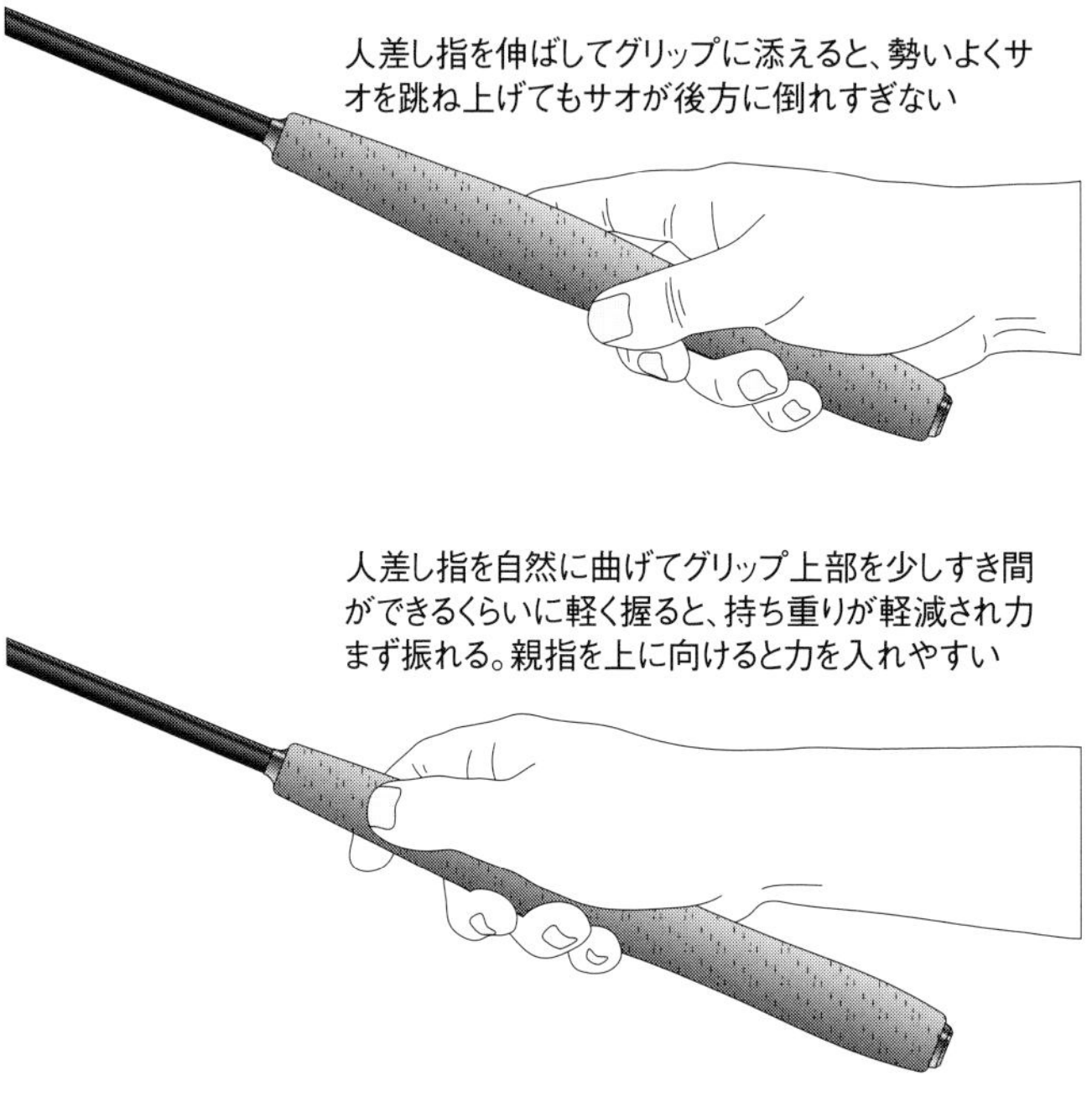
人差し指を伸ばしてグリップに添えると、勢いよくサオを跳ね上げてもサオが後方に倒れすぎない
人差し指を自然に曲げてグリップ上部を少しすき間ができるくらいに軽く握ると、持ち重りが軽減され力まず振れる。親指を上に向けると力を入れやすい

くなるのでサオをストップしやすい。また、人差し指を添える握り方は全般にサオがぶれにくくなるので、ラインを正確にコントロールしやすい。これに対し、人差し指を伸ばさずに自然に曲げて、人差し指と親指の間に自然にグリップを挟むように握る方法もある。この方法は手首がより自由に動くようになる分、12時で止める時に後方に反ってしまわないように気を付けたり、あるいは全体的にロッドがブレないように気を付ける必要はあるが、ロッドを振るための力そのものは入れやすい。人差し指を添える握り方だとロッドを振る動作そのものがやりにくいという人は、こちらのグリップを試してみるのもよいだろう。また、ラインそのものを軽量なレベルラインでなく、より軽い力で投げられるテーパーラインにしたり、サオを同じ力でもより大きく曲がる軟らかいタイプにしてみたりするのもよい。

キャスティングの手順

①12時の位置までサオを振り上げ、②2時の位置で振り込む。サオの反発力をいかしてラインを跳ね上げて飛ばすイメージ

長いラインは柔らかめのサオが飛ばしやすい

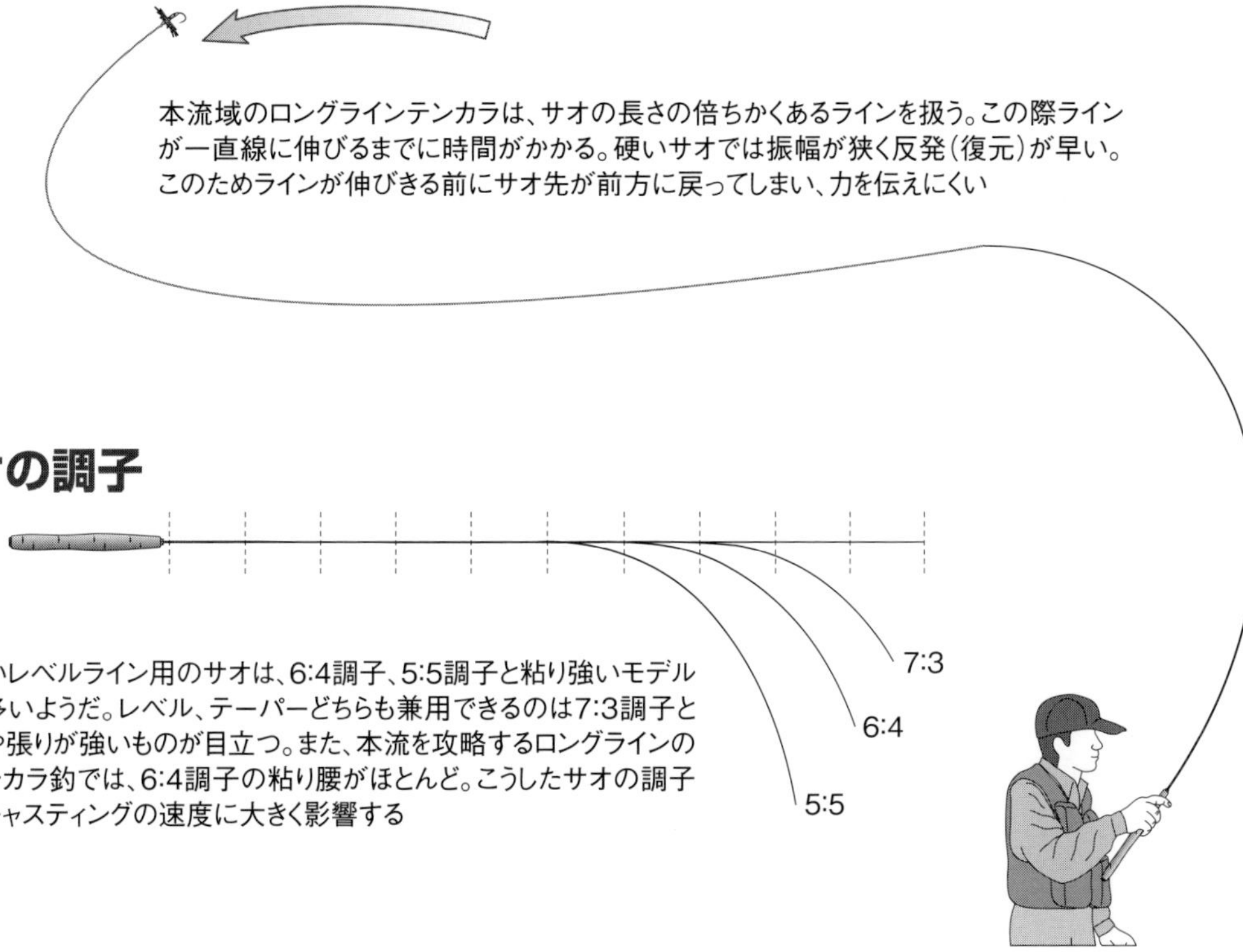

本流域のロングラインテンカラは、サオの長さの倍ちかくあるラインを扱う。この際ラインが一直線に伸びるまでに時間がかかる。硬いサオでは振幅が狭く反発（復元）が早い。このためラインが伸びきる前にサオ先が前方に戻ってしまい、力を伝えにくい

サオの調子

軽いレベルライン用のサオは、6:4調子、5:5調子と粘り強いモデルが多いようだ。レベル、テーパーどちらも兼用できるのは7:3調子とやや張りが強いものが目立つ。また、本流を攻略するロングラインのテンカラ釣では、6:4調子の粘り腰がほとんど。こうしたサオの調子はキャスティングの速度に大きく影響する

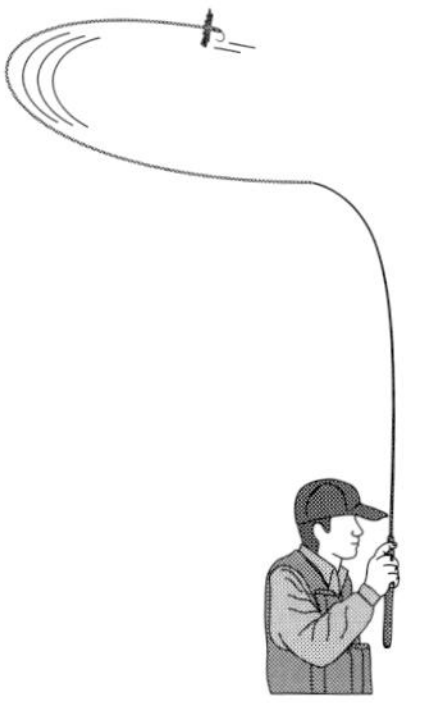

②
12時の位置でサオをピタリと止める。すると、サオが後方にしなり、ラインも徐々に後方へ伸びていく

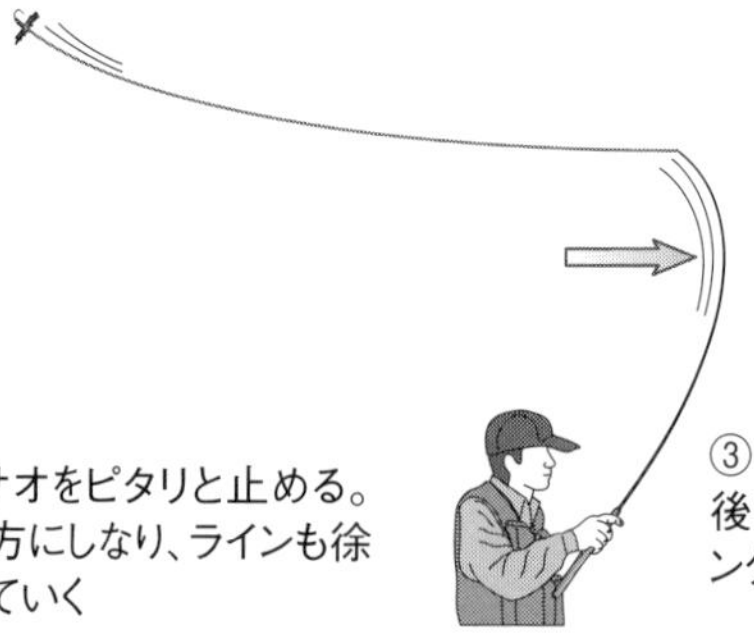

③
後方でラインが伸びきるくらいのタイミングでサオを前に振り込む

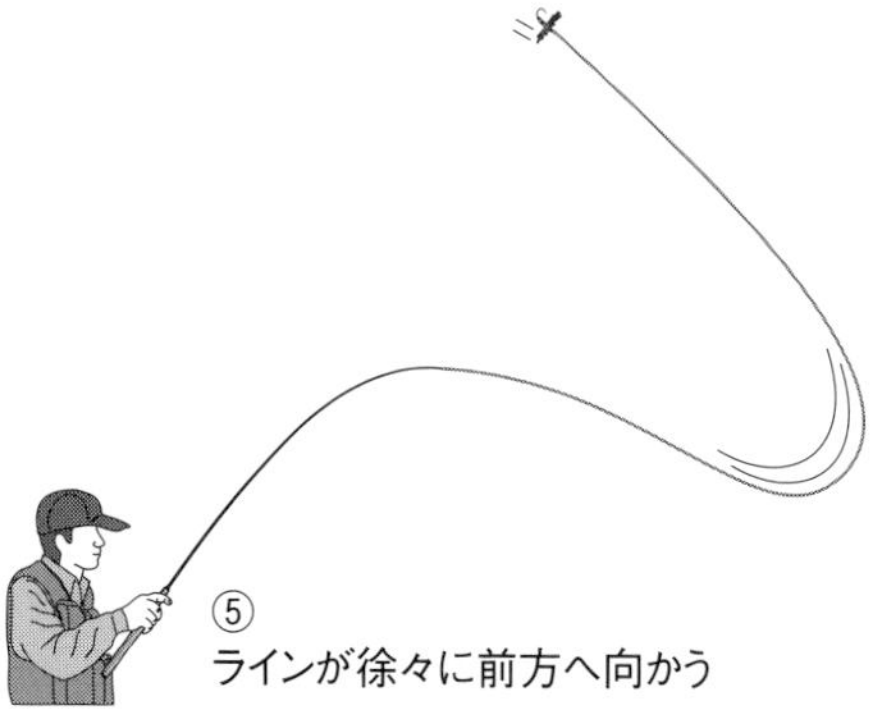

⑤
ラインが徐々に前方へ向かう

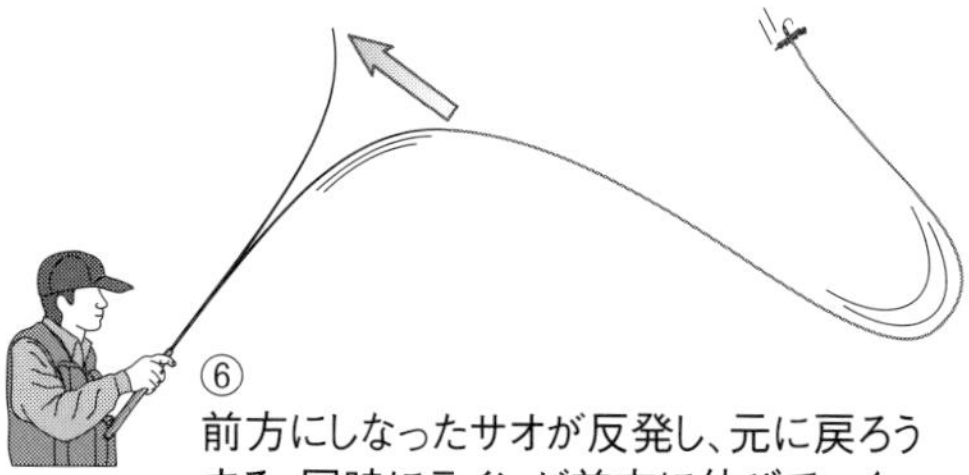

⑥
前方にしなったサオが反発し、元に戻ろうする。同時にラインが前方に伸びていく

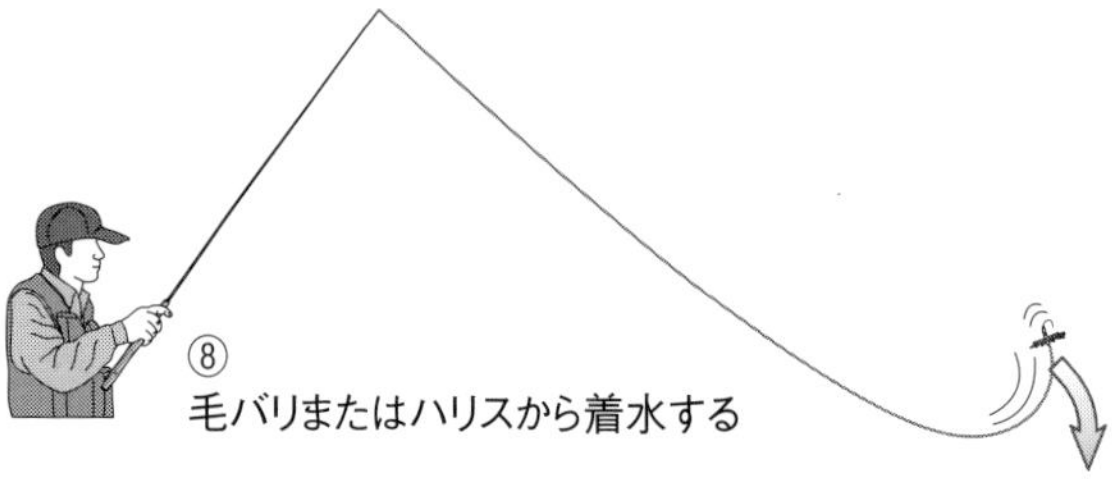

⑧
毛バリまたはハリスから着水する

いつサオを振り下ろせばよいか？

キャスティング中にラインの動きを見て確認するのは難しいが（特に後ろに伸びるライン）、テンカラのキャスティングはラインを後ろと前の交互に動かしてまっすぐに伸ばしてやるというのが原理。軽い毛バリそのものは決して力では投げられない。毛バリを投げようとするのではなく、ラインを伸ばした結果として、毛バリが離れた場所まで運ばれるという点が理解できるとキャストがスムーズになる。

12時で勢いよく振り上げたサオを止められるようになったら、次は振り上げたサオをどのタイミングで下ろすかが問題となる。基本はラインが後方で伸びきるくらいのところで、そのタイミングを待ったら前方に振る。後ろに伸びきる直前はラインが後ろに向かって最も強い力で引っ張られている状態。そのタイミングでサオを前に動かし始めることができると、サオにすぐに大きな負荷が掛かって最大限の力で曲げ始めることができる。つまり伸びきる間をつかむことこそキャスティング上達の道。サオが大きく曲げられる

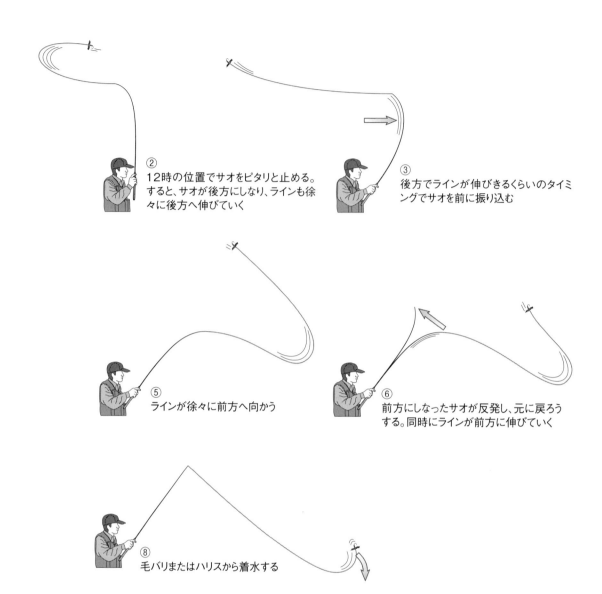

テンカラキャスティング絵巻

レベルラインにおけるキャスト練習法

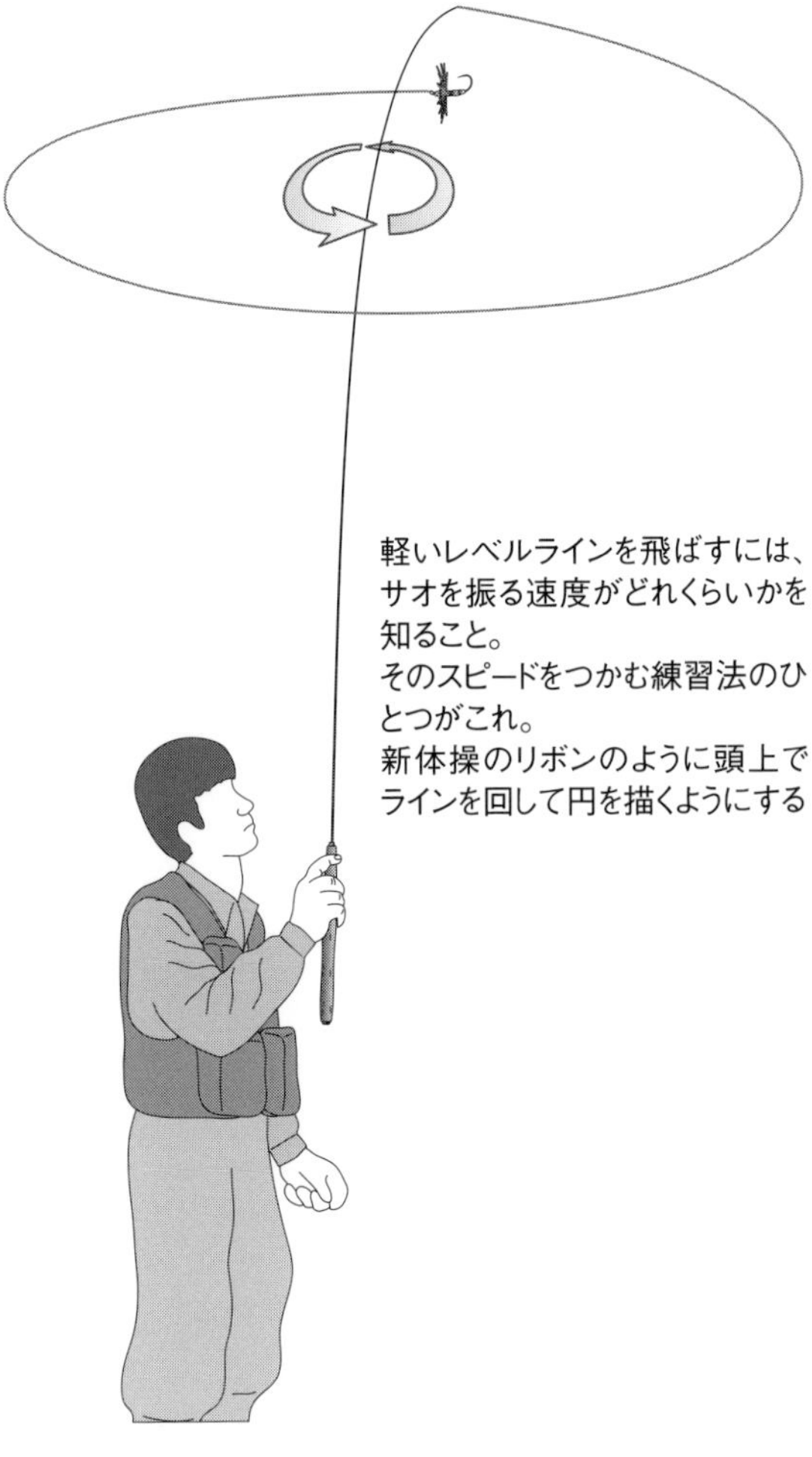

軽いレベルラインを飛ばすには、サオを振る速度がどれくらいかを知ること。
そのスピードをつかむ練習法のひとつがこれ。
新体操のリボンのように頭上でラインを回して円を描くようにする

テンカララインの軌道

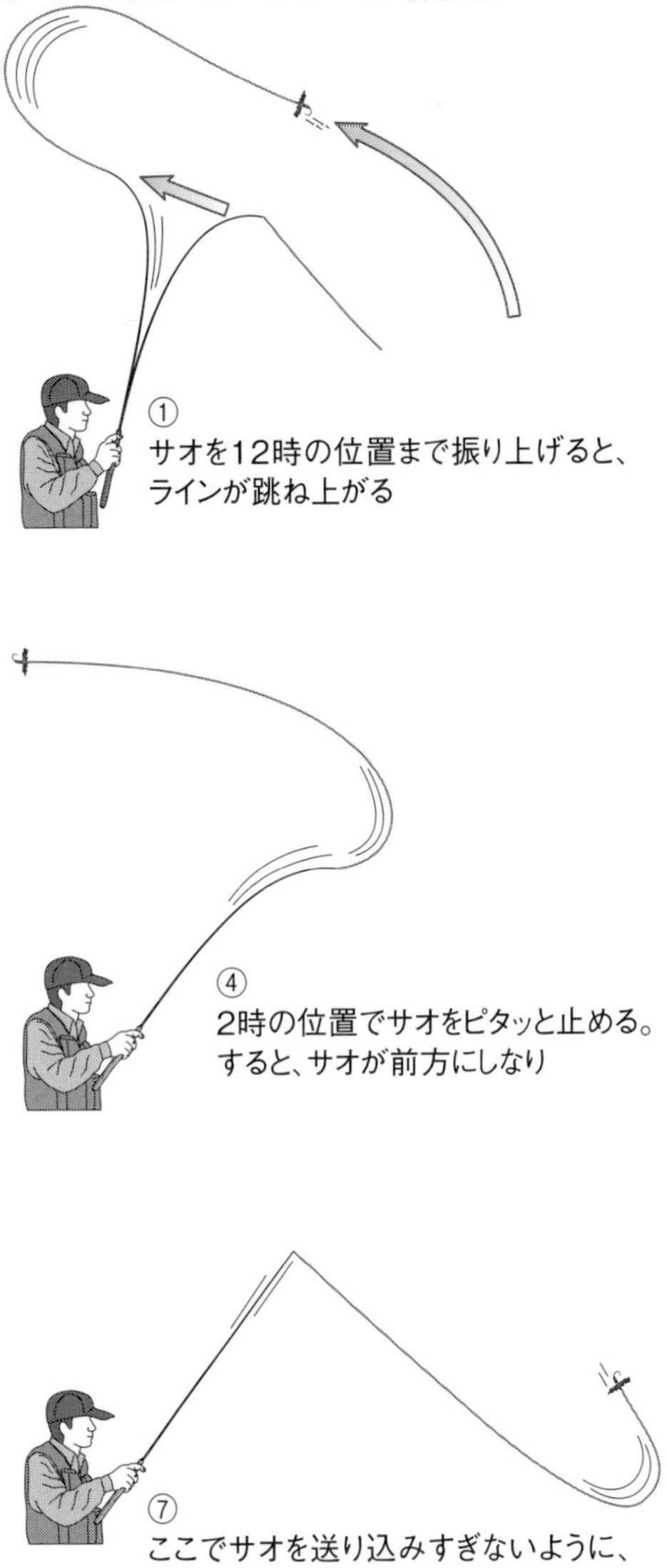

①
サオを12時の位置まで振り上げると、ラインが跳ね上がる

④
2時の位置でサオをピタッと止める。するると、サオが前方にしなり

⑦
ここでサオを送り込みすぎないように、サオをぴたりと止めておけばラインが真っ直ぐ伸びて……

ほど得られる反発力も大きくなるので、ラインをよりまっすぐ遠くまで伸ばせるようになる。

この〝間〟には、サオの調子やラインの重さと長さも関係してくる。言葉にすると少し難しくなるが、それほどややこしいことではない。大まかに整理すると、ラインが短い時やサオが硬めで早く復元する時はラインが伸びるまでの間が短くなるので早めのリズムで前後に振るとよい。逆にラインが長い時やサオが軟らかめで復元するのに時間が掛かる時は、ラインが伸びる間が長くなるので遅めのリズムで前後に振る。タイミングが合っていれば「ラインが張っている」または「サオにラインが乗っている」感触が得られるので、そうなるまでリズムを変えて試してみよう。

軽量のレベルラインの場合、初めはサオをどれくらいのスピードで動かせばよいのかが分かりにくい。テーパーラインのようにイトの重みがサオに伝わりにくいからだ。よい練習法は、新体操のリボンのようにラインを頭上でくるくる回すこと。きれいな円を描けるようになれば、そのスピードがキャストに好適なのである。

悪いキャスト例①
ラインで水面を叩く

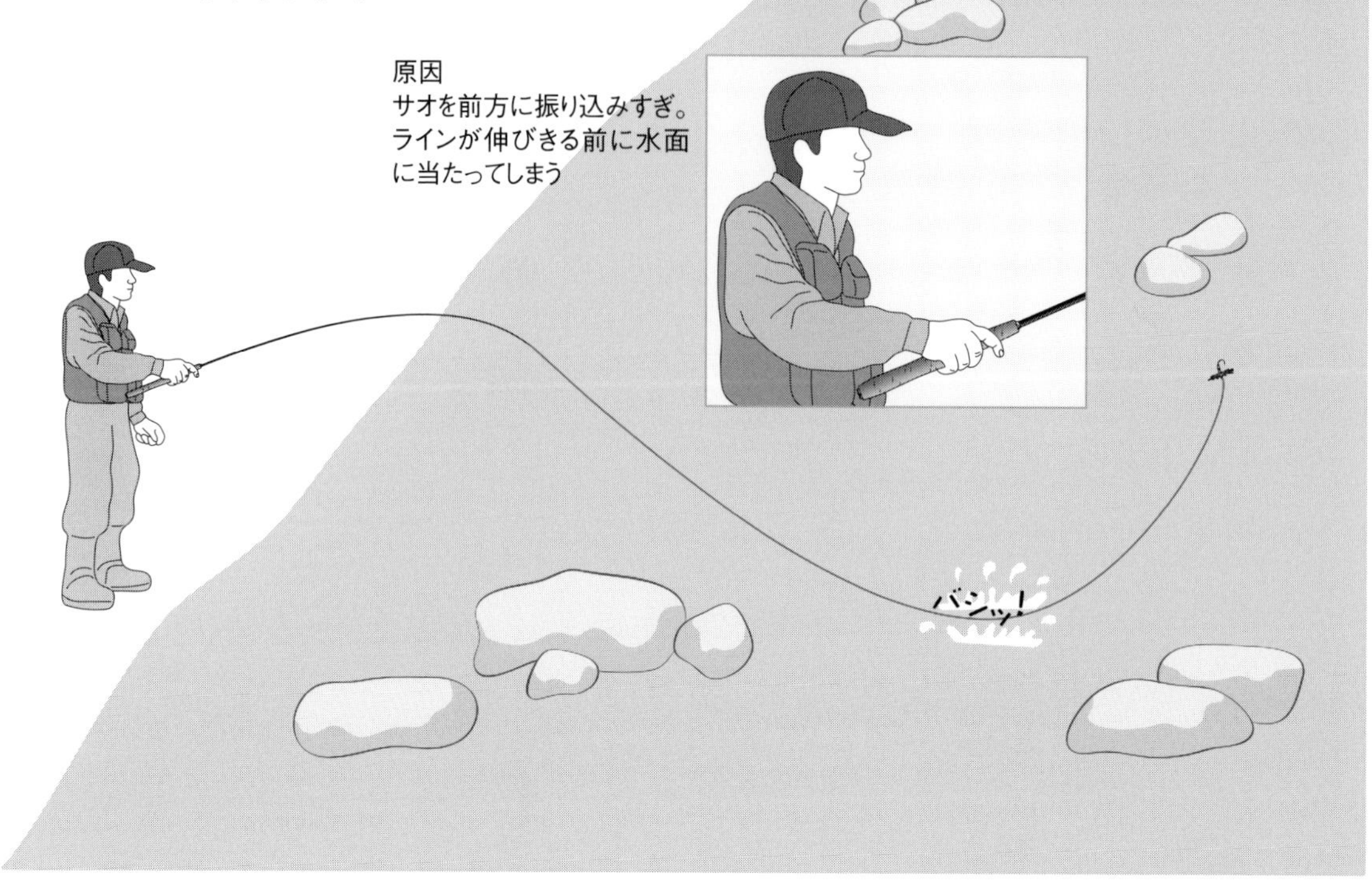
原因
サオを前方に振り込みすぎ。
ラインが伸びきる前に水面
に当たってしまう
バシッ！

こんな時は何が悪い？

ラインを伸ばすことができるようになったら、あとは実際の釣りの中で役立つキャスティングのコツを押さえることが大切。たとえばラインが水面をバシャリと叩いてしまっては、どんなに遠くに毛バリを届けることができても意味がない。水面を意識する魚がいても、水面をムチ打つように叩いてしまえば台無しだ。

　このような失敗のほとんどは、サオの送り込みすぎによる。振り下ろしたサオは、10時または2時の位置でピタリと止める。あとはサオの反発力に任せる。この感覚がつかめれば、まっすぐにラインが伸び、その延長上で毛バリがハリスからふわりと着水するはずだ。他の場所ではスムーズにキャストできていても、川に立っていざ魚のいそうな場所を目の前にすると、つい力が入って9時、3時の位置まで余分にサオを振り下ろしてしまいがち。そうするとラインが伸びきる前に水面を打ってしまう。ただし、実際はサオを勢いよく振りおろしてきたサオをぴったり10時や2時の場所で完全に止めるということは難しい。10時や2時までサオを振って止めたら、その状態から水面の位置やねらう距離に応じて、フォロースルーとして自然に腕を9時や3時の位置まで下げることはまったく問題ない。

　もうひとつはラインの失速。ラインが伸びきる前にヘナっとして、まとまって水面に落ちてしまう時は、サオを振る動作そのものが遅すぎるか、反発力が生かされていない。サオを後ろに振り上げる時に12時の位置よりも倒しすぎていないかもう一度確認してみよう。このようにサオを振っていると、横から見た時にラインがかまぼこ型に膨らんだ形で前後するのでワイパー操作と呼ばれる

　また、キャストしているうちにラインが絡んでしまう場合も、ラインが前後に伸びきる前に次のキャストに移っていることが原因になっている場合が多い。ラインがたわんだ状態でサオを振るので絡み合ってしまうのだ。ラインが伸びる間をきちんと取れているかもう一度確認してみよう。

悪いキャスト例 ②
ラインが伸びきる前にふにゃりとまとまって落ちる

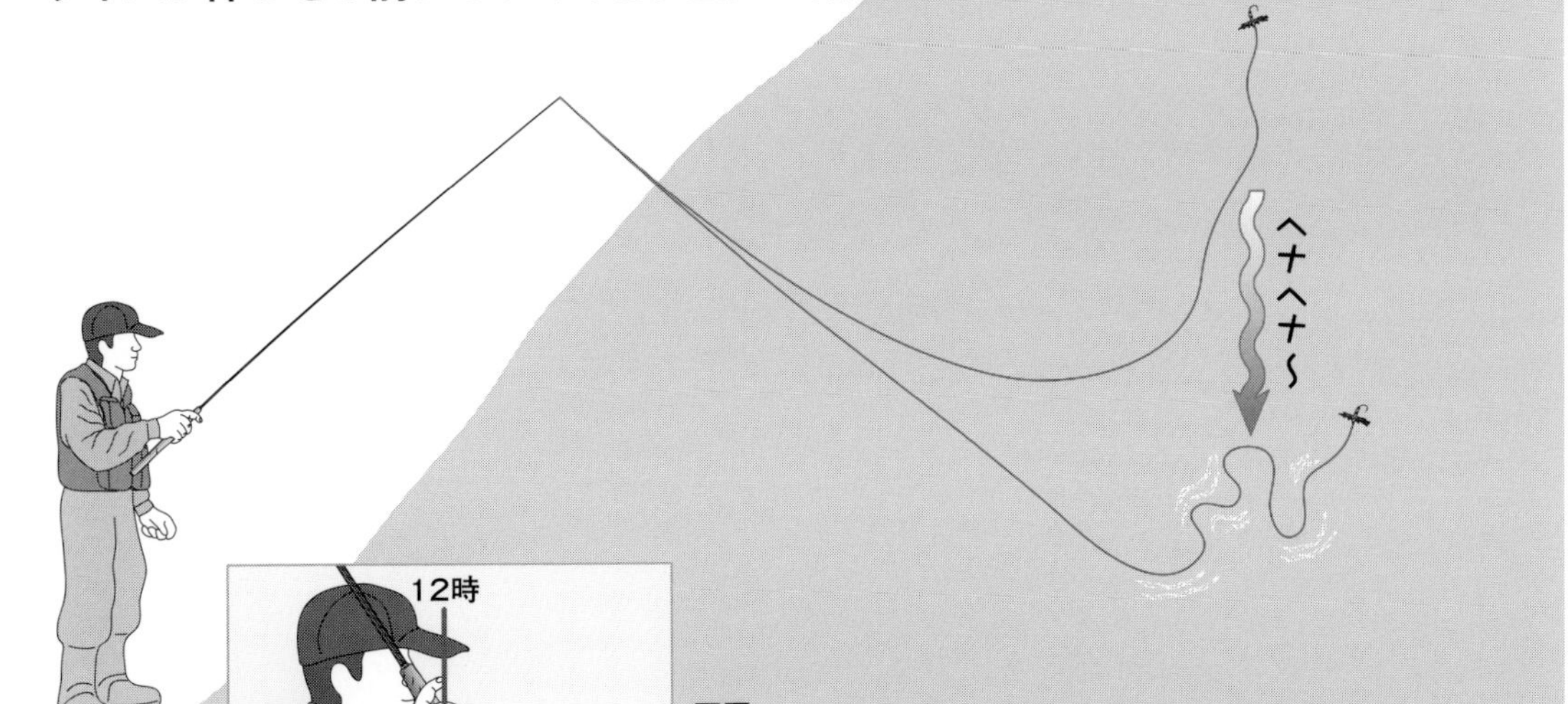

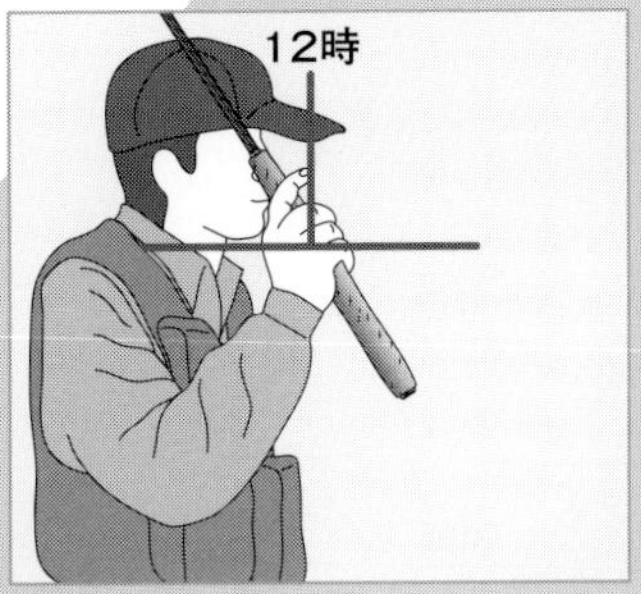

原因
ラインの失速である。サオを振る速度が遅く、サオの反発力もいかしきれていない。もう一度キャスティングフォームを見直してほしい。サオの振り上げ位置が12時の位置よりも後方にいくとサオが後方にしなりにくく、反発力が充分に発揮されない。サオを後ろに振りすぎてしまうことをワイパー操作という

悪いキャスト例 ③
ラインが絡んでしまう

原因
サオを振る速度が速すぎ。ラインが後方で伸びきる前に振ってしまうと、たわんだラインが絡まってしまう

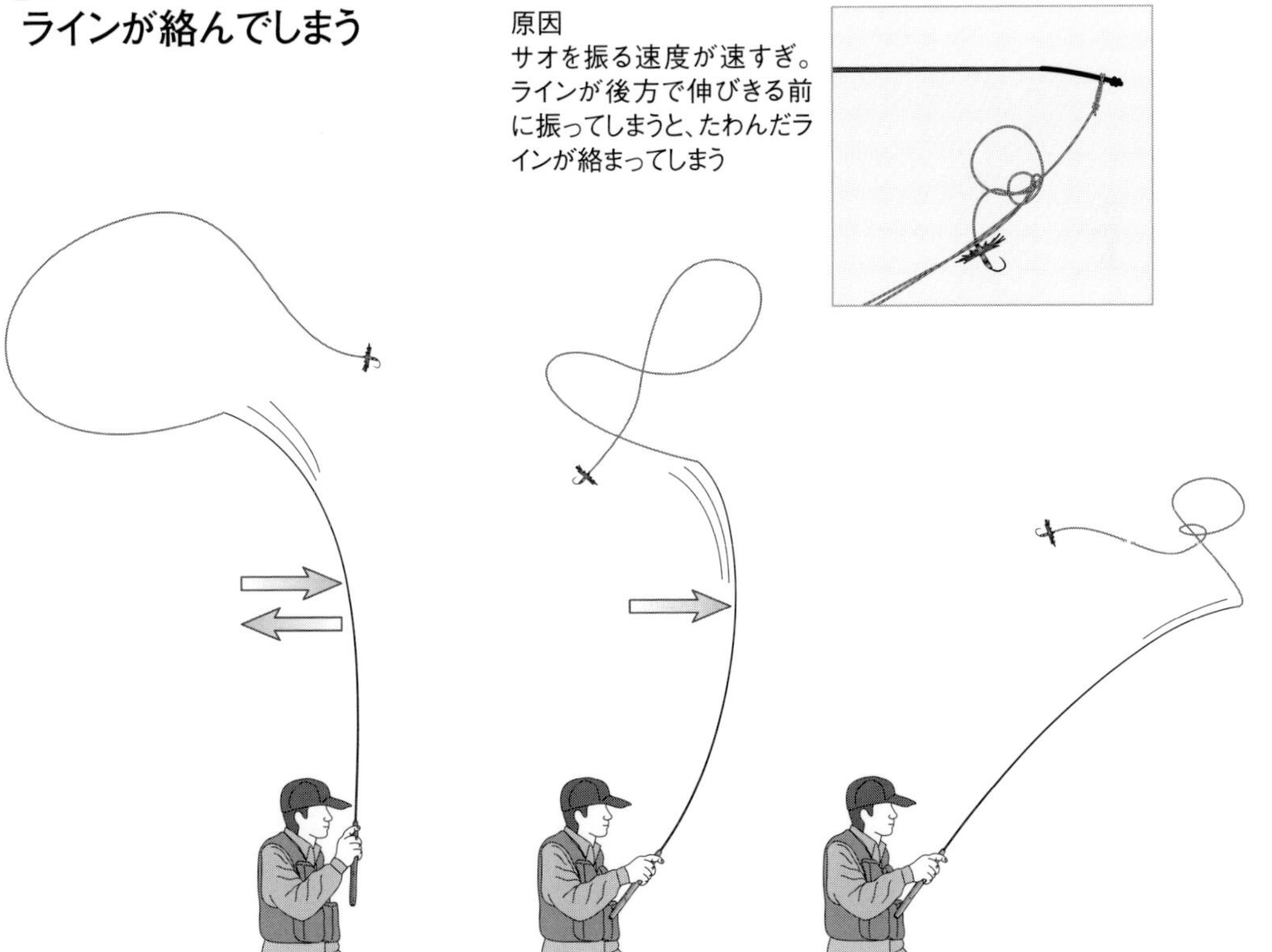

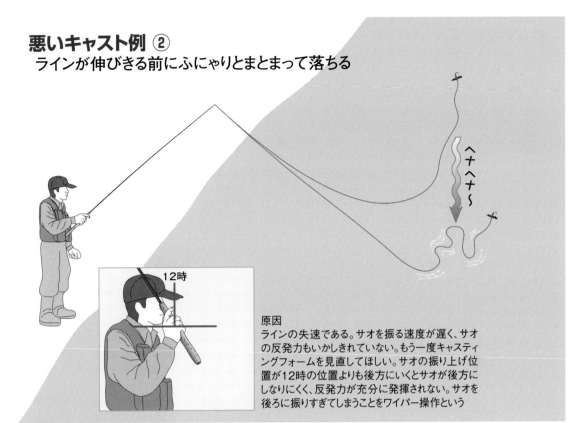

サイドキャスト

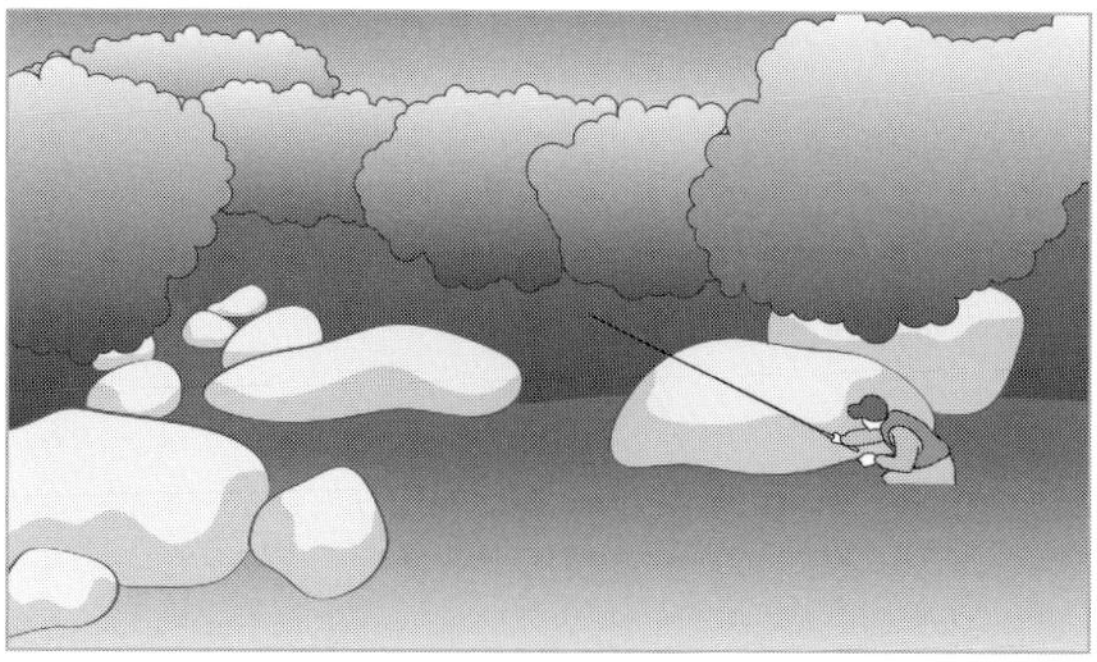

ポイントの上や頭上に木々などのボサが被さっている場所は、サイドキャストが振り込みやすい

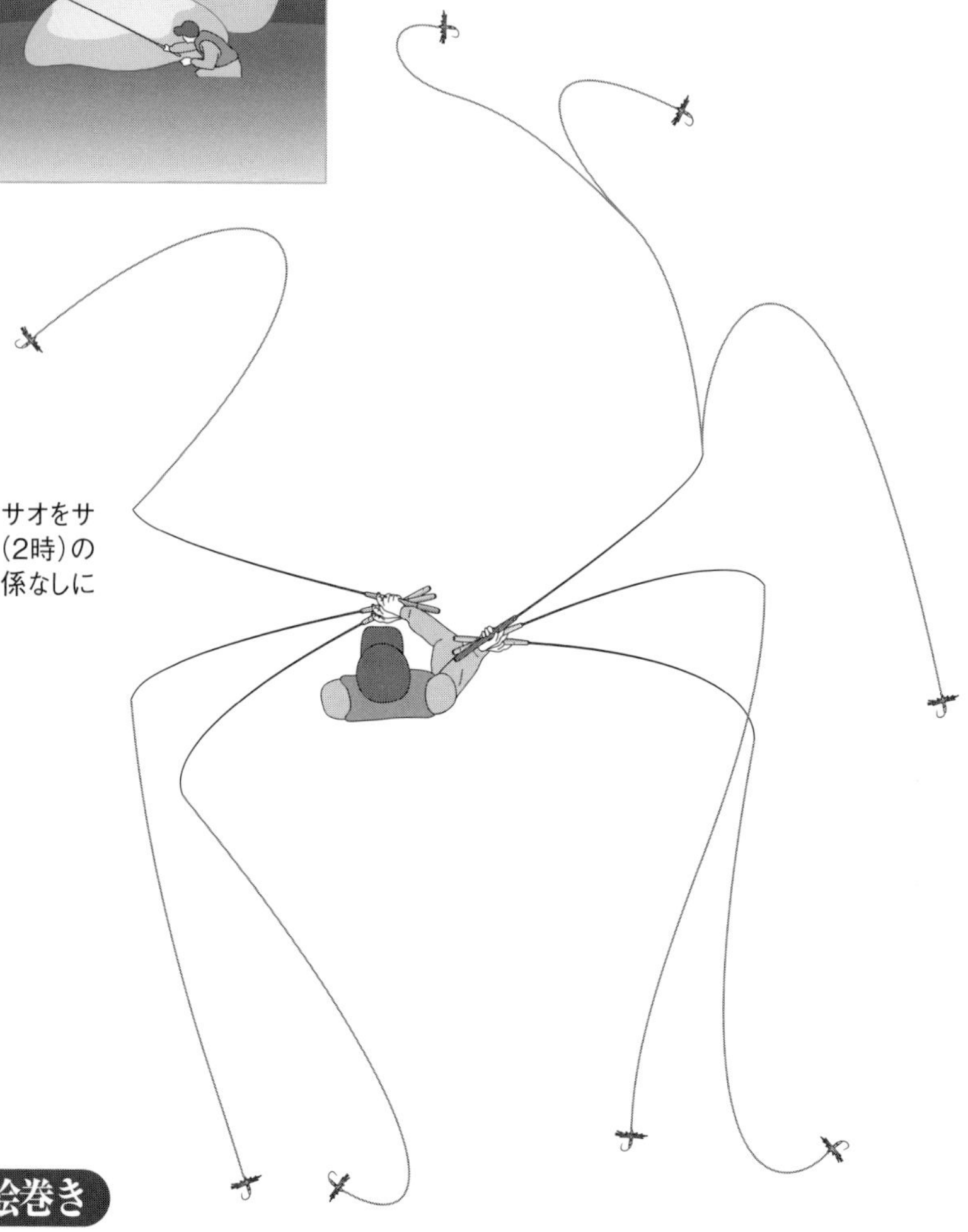

手順は通常のキャストと同じ。サオをサイドに振り上げ、12時～10時（2時）の振り幅でキャストする。左右関係なしに振れる

テンカラキャスティング絵巻き

状況に応じた多彩なキャストを身に付ける

テンカラのキャスティングはラインを前後に伸ばすことから、ある程度のバックスペースが必要になる。頭上が開けた釣り場ならよいが、渓流の多くは足場が限定され、木々が張り出しているのが普通だ。そこでサオを寝かせて操作する横方向からのキャストもぜひ身に付けておきたい。

サオを寝かせて行なうキャストをサイドキャストという。自分の聞き手側で行なうのが基本だが、慣れれば逆側で行なうことも可能だ。サイドキャストをする際もラインをしっかり伸ばすための基本的な考え方は同じ。上空から見て10時（2時）から12時の振り幅でキャストする。これができるようになると上空のスペースが狭い所でも釣りがしやすくなる。

サイドキャストのメリットはほかにもある。それは風が強い時。風は一般的に水面近くのほうが上空よりも弱い。また、風下側にサオを倒してサオを振ると、サオを立てて振る時に比べてサオそのものが受ける風の抵抗が小さくなり、さらにラインを張った状態

風がある時の対処法

①風に逆らうようにサイドキャストすると、うまく飛ばしやすい

②可能なら、追い風になるように自分の立ち位置を決めるのも一手

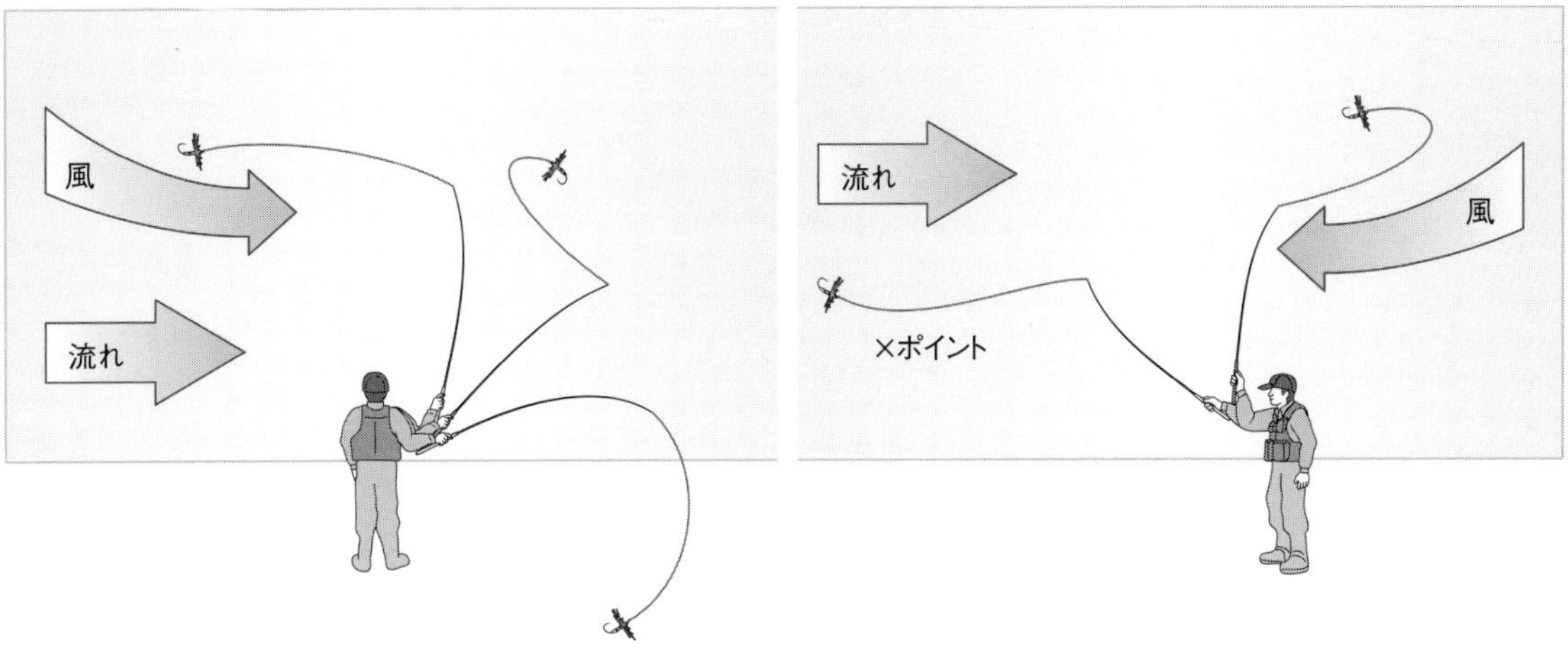

ロールキャスト
充分なバックスペースがない所で有効なキャスティング方法

①
毛バリを水面に付けたままラインが張るようにゆっくりサオをやや後ろに傾くまで立てていく

②
ラインが張っているうちに間を置かずすぐにサオを前へ振り込む。サオを2時の位置で止めるようにする

③
ラインが転がるように動き毛バリが前へ運ばれる

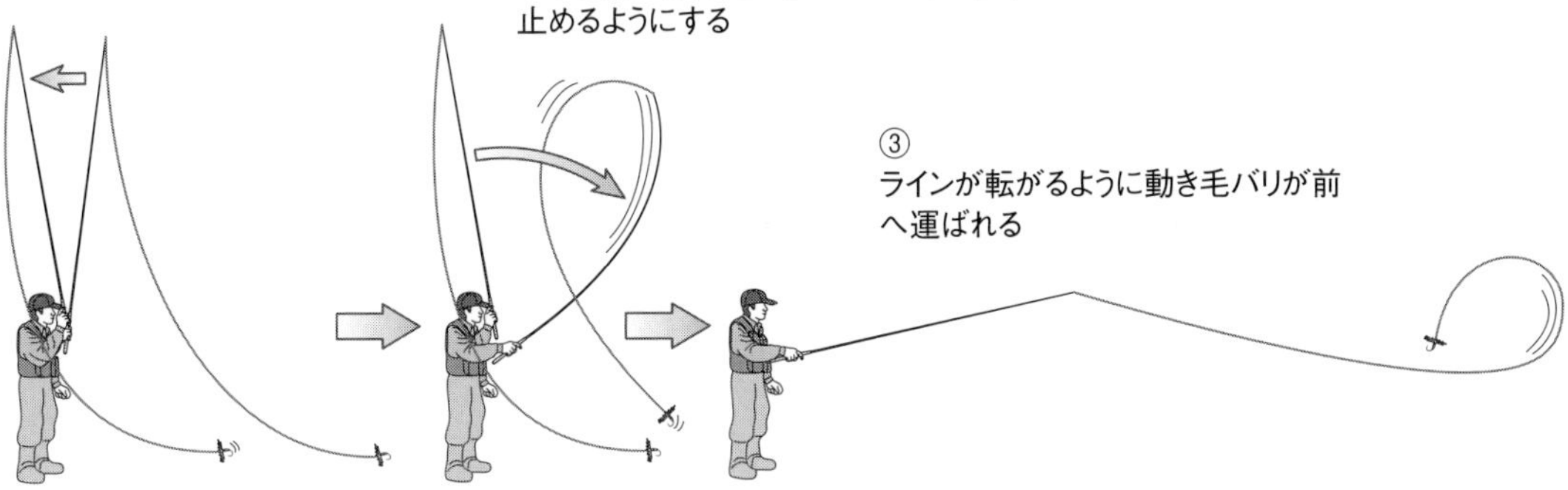

が自然と作りやすくなる（風が毛バリとラインを引っ張ってくれるため）。すると、サオをより曲げやすくなり、風に押し戻されないだけの力でラインを伸ばせるのだ。これもまた実際にやってみるほうが効果を実感できる。風が吹いて釣りにくいと思った時にはサイドキャストをぜひ試してみよう。

　そのほか、自重があり先端に行くほど細くなる構造のテーパーラインを使っている時に便利なのがロールキャスト。充分なバックスペースがなくても可能なキャストで、サオを前後させてラインを伸ばすのではなく、水面に付けたラインを剥がす時の抵抗とラインの重さを利用してサオを曲げ、ラインを水面で転がすように動かし毛バリを前に運ぶ。ロールキャストは普通のキャストとは少し勝手が違うが、サオをやや斜め後ろに倒したあと、勢いよく振り下ろす時に低い位置まで下げ過ぎずに、10時や2時の位置までで勢いよく振ってあとは止めるようにしたほうがラインが前に伸びやすいのは同じだ。

　いろいろなキャストを身に付けて、ぜひテンカラをより自由に楽しもう。

名手のキャストフォームで知る
レベルラインのキャスティング

近年の渓流で使用者が増えているレベルラインは、テーパーラインに比べると軽いため「投げにくい」と思われがち。しかし、少ないコツを押さえれば誰でもきちんとキャストできる。名手の身体の動きを連続写真でチェック。ポイントはブレのないサオの動きと加速にある。

お手本はレベルラインのキャスティングを得意にする片山悦二さん。地元四国で毎シーズン多くのアマゴを釣っている

まっすぐ振って サオに投げてもらう

フロロカーボンの3～4号を使うレベルライン。最近はテーパーラインよりも使用者が増えているが、実際にテンカラを始めた人からは「振り込みが難しい」「簡単に投げられない」という声がよく聞かれる。

レベルラインが投げられないと悩んでいる人に、実際にキャストをしてもらうと、たしかにラインが伸びて行かない。そして、そういう人の多くは余計な力を使って投げようとしている。キャスティングにはもちろん一定の力が必要だ。しかし、むやみに力を入れるのは逆効果。10時（2時）と12時の幅でサオを振る、ラインがしっかり伸びるのを待ってから反対に動かす、という基本を押さえたら、次に意識したいのが「サオをまっすぐに振る」ことと「サオの動かし始めとその後の動きにメリハリを付ける」ことだ。

テンカラのキャストはバックキャストで後ろに飛ばしたラインの重さを利用し、その重さをフォワードキャストで受け止めて、なるべく早い段階で大きくサオを曲げる。あとは10時（2時）の位置でフィニッシュすれば、曲がったサオが復元する動きでラインが勝手に飛んでゆく。キャストは「サオに投げてもらう」感覚で行なうのが正解だ。

サオをまっすぐに振れると、ラインの重さが左右に逃げないのでサオを効率的に曲げることができる。どうもラインの重さが感じられないという場合は、サオを持つ腕を前後にまっすぐな軌道で動かせているか確認してみよう。

そして、もう1つ押さえておきたいのが、バックキャストでもフォワードキャストでも、サオを動かし始める時はゆっくり動作を開始し、そこからサオを立てていく際に、加速するように勢いを付けてサオを動かすというメリハリだ。

サオは最初にじわじわと曲げ始めてから大きく曲げてやるほうが反発力をスムーズに引き出せる。このポイントを外して、いきなり最大限の力でサオを動かそうとしてしまう人は、サオが左右にブレやすくなることもあり、結果的に「力まかせに振っているわりにスムーズにラインが伸びて行かない」状態になる。

正面から見たキャストの動き

片山さんが実際に釣り場で行なったキャスティングの動き。背筋がまっすぐに伸び、ねらうポイントに対して、常に上半身がブレずまっすぐ前を向いている。そして腕の動きも途中で横にブレず、まっすぐに振り上げたものを、まっすぐに正面に振り下ろしている

①ピックアップ（バックキャスト）の準備段階
流し終えた毛バリはピックアップして次のポイントへ打ち込む。動かし始めは慎重にゆっくりスタート

②ピックアップ&ストップ
ピックアップの後半はバックキャストを兼ねて勢いよく行なう。サオは後ろに倒し過ぎず12時でストップするつもりで。ただし、実際はサオの重さもあるので、ストップしたサオが若干後ろに傾いてもよい。目はキャストするポイントを見ている

③フォワードキャストの開始
ラインが後ろに伸び切るタイミングに合わせてサオをゆっくり前に動かし始める。するとサオが直後から曲がる。目はポイントに向けたまま離さない

④フォワードキャストの前半
サオの動きを加速させながらまっすぐに起こして行く。するとラインの重さが乗ってサオがしっかり曲がっていく。この時に腕が左右にブレないことも大切

⑤フォワードキャストの後半&ストップ
10時（2時）の位置まで一気にサオ振り下ろし、最後はサオ先でラインを弾くようにしてストップ

⑥フォワードキャストの完了
ストップすることでサオ先が反対側まで曲がり込みラインが前に運ばれる。⑤と⑥で手に持つサオの位置は動いていないことに注意

⑦毛バリの着水
サオ先が復元してまっすぐな状態に戻るとともに前に運ばれた毛バリが着水する

⑧ドリフト
毛バリの周辺を目で追いながらアタリに備える。流し終えたらそのまま①のピックアップに移り次のポイントをねらう

横から見たキャストの動き

キャスティングに「力は不要」だが、メリハリのある動きは必要になる。原則は「サオの動かし始めはゆっくり慎重に」「その後は勢いよく」という加速感のある動きだ

①ピックアップの準備段階

毛バリの位置を確認しサオをまっすぐ振り上げてピックアップする準備

②ピックアップ開始

ピックアップの動かし始めはまずゆっくり。時間的にはわずかな動きだが、水中の毛バリを引きずって一度ラインを伸ばすつもりで動き始める

③勢いよくピックアップ

ピックアップの後半はバックキャストを兼ねるので加速するように勢いよく行なう。サオは 12 時で止めるようにするが、止めた後に勢いがついてこのくらいまで後ろに倒れるのは問題ない

④フォワードキャストの動かし始め

ラインが後ろに伸びるのを待ったら腕を前に動かし始めるが、動き出しはまずゆっくりサオを前に押し出す感覚でスタートする

⑤フォワードキャスト後半

サオにラインの重さを感じたところで、そのままサオの動きを加速させながらまっすぐ前に振り下ろす。この時に身体はまっすぐに保ち、腕は左右にブレさせないこと

⑥フォワードキャストのストップ&完了

サオは 10 時（2 時）で止めるつもりで動かす。ただし、動きを止めたあとに勢いがついてこのくらいまでサオが下がるのは問題ない

サオをまっすぐ振るのに片山さんが取り入れているのは、小指と親指の２本をメインにサオを握り、人差し指をサオのブランク部分に添える方法。人差し指の向きを意識することでサオがまっすぐ振りやすくなる

パート3

魚の居場所を知る

ヤマメやイワナはどこにいる?
実際のヒットシーンにはヒントが満載。
テンカラでねらうべきポイントを覚えよう。

Hit Point 01：護岸帯の際《きわ》

（9 月上旬／長野県末川／晴れ／やや渇水気味／ミノ毛と胴のノーマルな毛バリ）

上流の堰堤から浅く長い瀬が続き、下流で対岸の護岸帯に向かってまとまった量の水が流れ込んでいる

ここで1尾！

流れ込みの中にある頭を出した石の前でヒット

解説

このポイントでは頭を出した石の下流側でも実際には魚の反応があった。護岸際は上流からの流れが集まって１つの筋になり、また一定の深みも出来る場所なので渓流魚の付き場になりやすい。その流れに魚が身を寄せられる大きさの石が入っているとなお有望な場所になる

毛バリをくわえたのは元気なイワナ

Hit Point 02：瀬の肩

（5月下旬／岐阜県峠川／晴れ／平水／ミノ毛と胴のノーマルな毛バリ）

ひと抱えほどの大きさの石が入った瀬の続く区間。一定間隔で落差のある落ち込みが出来ている

ここで１尾！

大きめの石にぶつかった流れが一段下のポイントへ落ち込む直前の場所でヒット

解説

落ち込みのすぐ上流にある水面が穏やかな部分は渓流魚が付く代表的なポイント。落差を作る石によって水面がわずかに盛り上がるようになっているため「（瀬の）肩」と呼ばれる。魚は石の前に出ていて姿が見える場合と、石の下に身を潜めている場合があるが、姿が見えない時でも水面は見ていて毛バリが来れば飛び出す場合が多い

Hit Point 03：流れ込み脇の緩流帯

（9月上旬／長野県冷川／晴れ／平水／ミノ毛と胴のノーマルな毛バリ）

上流から白泡をともなって勢いよく落ち込んで来る流れ込みの脇。対岸に大きな石が入っており流れ込みと大きな石の間に鏡のような水面がある

ここで1尾！

周囲に比べて波立ちがない静かな水面の中のやや下流寄りでヒット

解説

落差のある大きな流れ込みの脇に出来る流れの緩い部分は注意して釣りたい。魚の活性が高い場合はこの時のように鏡状のポイントのまん中に定位していることがあるが、ほかにも強い流れ込みと緩流帯の境目の筋や岸に並んでいる大きな石の下のエグレも魚（特にイワナ）がよく付く。また、このような場所で流れが反転流になっている場合は、その流れに合わせて毛バリを流し込むようにすることも必要になる。ここでは魚が毛バリに出たあと惜しくもバラシ！

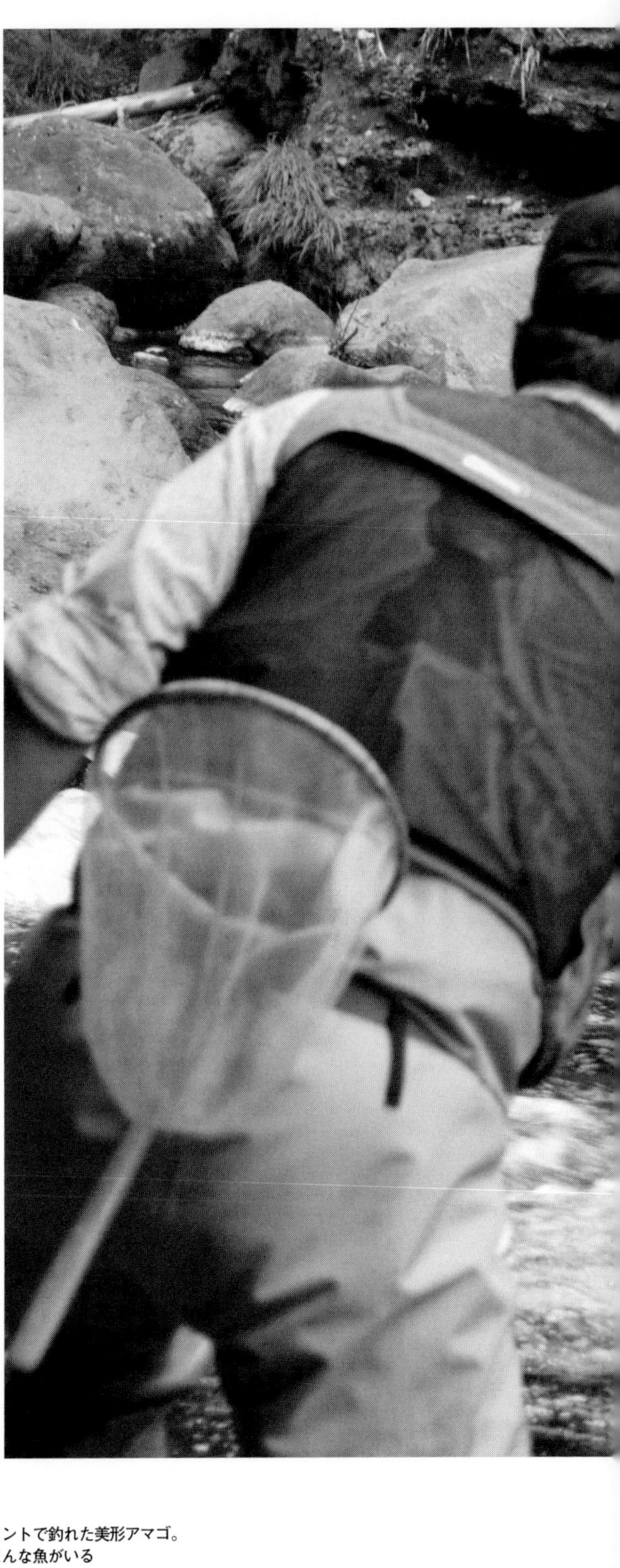

近くのポイントで釣れた美形アマゴ。流れにはこんな魚がいる

Hit Point 04：堰堤すぐ上の深みのある場所

（9月上旬／長野県開田高原の川／晴れ／平水／ミノ毛と胴のノーマルな毛バリ）

川を横断する堰堤のすぐ上流にある深みをともなう場所。堰堤のある場所にはたいがいこのようなポイントが見られる

ここで1尾！

上流からの流れの中に大きめの底石が入っている付近でヒット

解説

魚がヒットした直後のシーン。日本の川には堰堤が多くあるが、そのすぐ上にはこのような一定の深さのあるポイントが出来ていることが多い。大切なのは堰堤の下まで来た段階で、「このすぐ上に有望なポイントがある」と予測しておき、身体を乗り出す前に一度毛バリを流すように意識すること。毛バリを投げる前に堰堤の上に立ってしまうと魚がいても驚いて逃げられることが多くなる

Hit Point 05：岩盤に囲まれた大きな淵

（4 月上旬／東京都日原川の支流／曇り／平水／ミノ毛と胴のノーマルな毛バリ）

山地渓流に多く見られる上流からの流れ込みに続く大きな淵。上空は開けており周囲は岩盤に囲まれている

ここで1尾！

右岸の岩盤際に沿った流れでヒット

解説

大きな淵はすべての場所に魚がいそうに見えて毛バリを流す場所がかえって決められない場合がよくある。淵ではまず手前に魚の姿がないか確認。次に上流からの流れ込みの延長線上に注目する。目安の１つは泡。流れ込みの延長線上にあたる部分には水面に泡が見られることが多い。さらにその流れが岩盤にぶつかっている場合は岩盤ぴったりに魚がよく定位する。ここでは右岸の岩盤が中央部に向かってやや張り出したそのすぐ上流でヒットした

Hit Point 06：川のカーブに出来たブッツケ

(4月上旬／徳島県海川谷川／曇り／渇水／ミノ毛と胴のノーマルな毛バリ)

山地渓流の中の高低差の少ない流れが長く続く区間。川がカーブする部分で上流からの流れが対岸に集まっている

ここで1尾！

岩盤沿いに出来た川の色が変わっているやや深い部分の上流寄りでヒット

解説

このポイントは構造的には P68 で紹介した護岸帯の際と同じ。基本的に対岸際に出来た流れの筋が魚の付き場になる。実際には川に入ってこのような落差の少ない（魚の付き場となるポイントも少ない）区間が続いた時に、上流を見て川がカーブしている部分があったら、そこに深みが出来て魚が入っている可能性が高いと察知できるようになることが大切。途中の流れにはあまり時間を掛けず、このような要所となる場所を集中して釣る

きれいなアマゴが釣れた

Hit Point 07：開けた瀬の中にある底石の周り

（4 月上旬／徳島県海川谷川／曇り／渇水／ミノ毛と胴のノーマルな毛バリ）

川の広い範囲にガレ岩がちらばり、同じような規模の比較的平坦な瀬が連続している

ここで1尾！

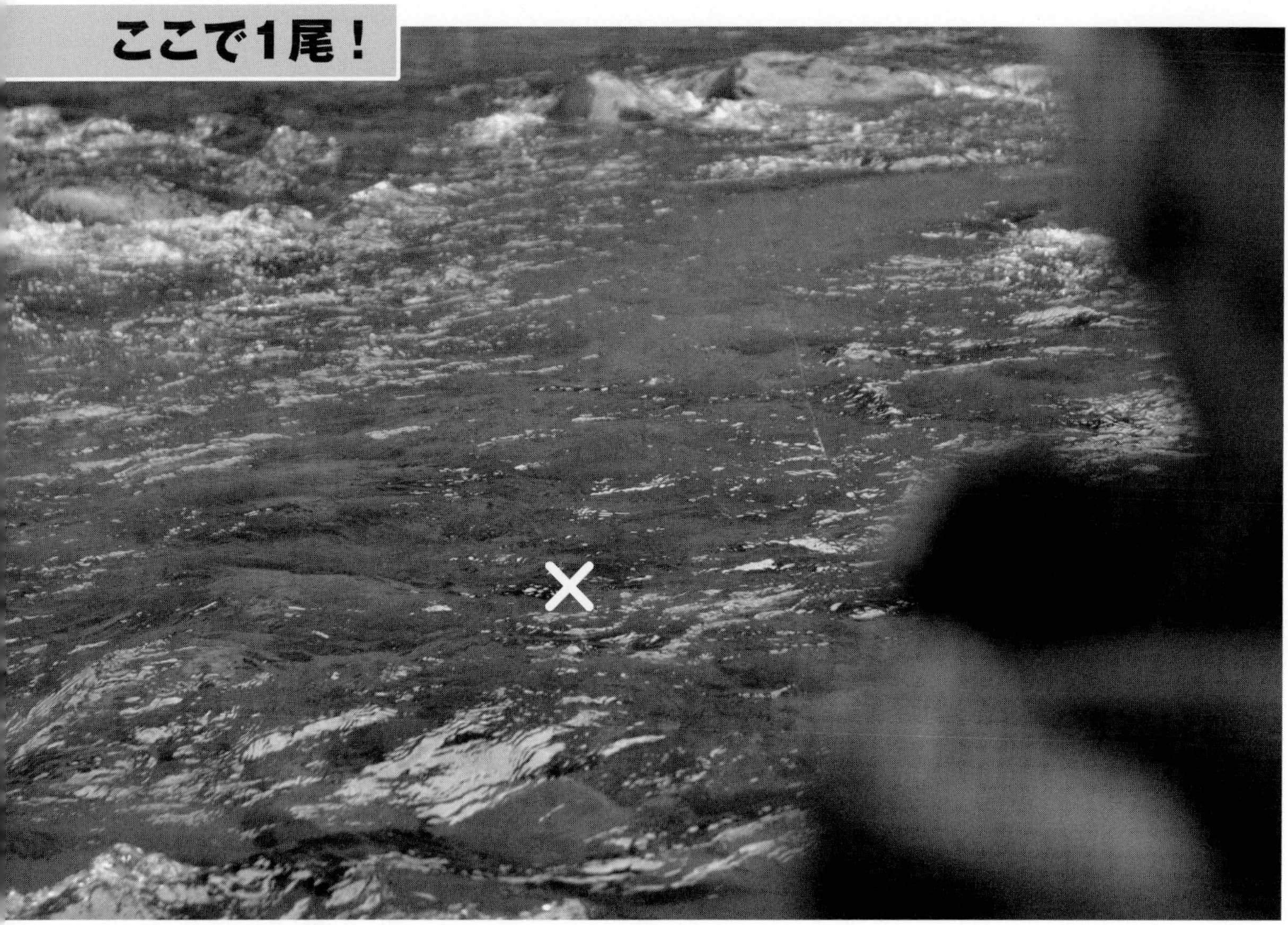

目の前の一見するとあまり変化のないタタミ１畳ほどの流れの中でも、まとまった底石があり川底が周囲よりもやや暗く見える部分に毛バリを通すと魚がヒットした

解説

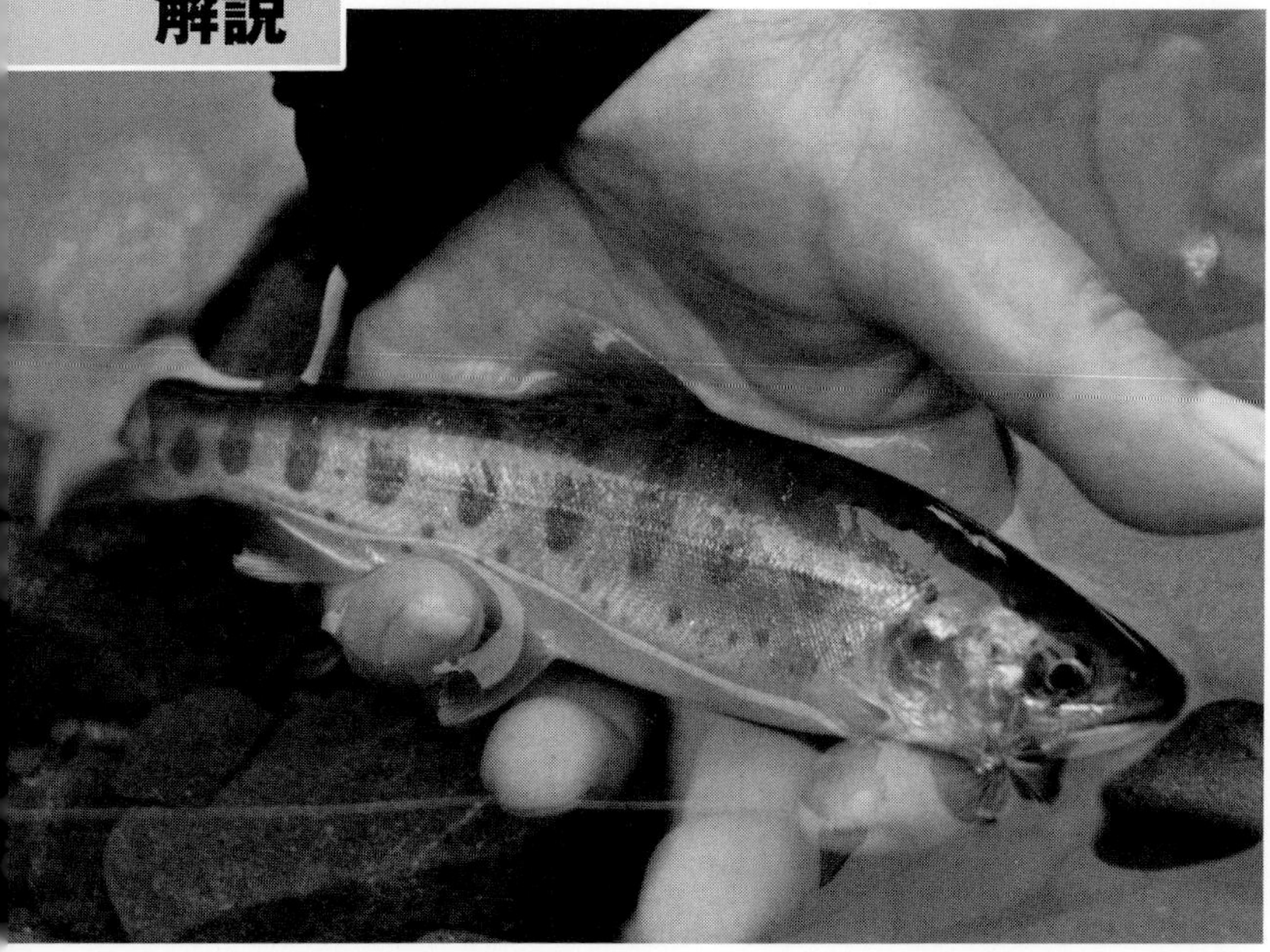

平瀬のような開けたポイントで、毛バリを流す場所に迷ったら、まっさきに意識するとよいのが流れの中にある「石」。あちこちがポイントに見える平坦な瀬があったら、その中でも石が入っている場所を意識的にねらうと魚の反応が得られることがよくある。石は大きなもの１つでその役割を果たしている場合もあるし、いくつかのものがまとまって機能している場合もある。ここでは後者から元気なアマゴが飛び出した

Column

渓流魚の衣食住

テンカラは釣りに行く川や地域を自分で選ぶ必要がある。さらに、実際は行き先だけでなく、目の前の流れの中から魚の居場所を正しく見つけ出す力も必要になる。

同じ川でも季節によって魚の反応は大きく変わる。また、同じ日の同じ川でも魚が毛バリに反応する区間とそうでない区間、釣れる支流と釣れない支流が分かれることはよくある。基本的な情報は釣り場ガイドなどを参考にしつつ、「よりよい場所」を自分で見つけられるようになりたい。

四国の片山悦二さんは、魚の「衣食住」を考えることが大切と言う。

「衣」 渓流魚は服を着ていない。そのためテンカラ釣りでは水温が微妙に影響する。注意を払うのは釣行先の標高。シーズン初期は川の下流部や全体に標高の低い渓をねらう。逆に夏場は標高1000mを超えるような源流の釣りがメインになる。時間的なものもあり、初期は水温の上昇する昼前から午後、夏場は早朝や夕方が魚の活性が上がりやすい集中して釣るべき時間帯になる。

「食」 渓流魚は流下するエサを食べており、その際はなるべく動かずに多くのエサを食べられる場所がベストな定位位置になる。2つ以上の流れが合流するような場所はエサも多く流れてくるかもしれない。この考えを広げて行けば、魚の居場所となるさまざまなパターンを発見できる。

「住」 渓流魚は近くに隠れ家、身を隠す場所がある場所を好む。たとえば石。これも大きなヒントになる。

ねらった場所に毛バリを入れられるキャスティングの技術と、魚の居場所を正しく見つけることができる洞察力はテンカラ釣りの両輪になる

パート4
毛バリと戦略

シンプルだからこそ必要なのは使いこなし。
7人が語る「毛バリ論」には、
上達のエッセンスがギュッと詰まっている。

瀬畑雄三さんが語る
逆さ毛バリ

遠くから魚がくわえやすく流す

　私の毛バリはシンプル。ハックルとボディーの素材や色にも特にこだわりはない。強いていえば、見やすい毛バリが好み。渓魚は毛バリを選ばないので何でもよい。シーズンを通じて3～4種類で通しているが、それとは別に朝夕のマヅメ時には、目立たせるために白を基調にした大きめの毛バリも使用している。

　毛バリは水面下3～5㎝を流すようにしている。これは魚が毛バリをくわえやすくするため。時に躍らせたり、横引きしたり、あるいは水中深く沈めて流したりして、臨機応変に使っている。ちなみに沈めて釣る場合は、ラインのフケなどのおかしな信号を見逃さず、すかさず合わせることが大切だ。

　私は栃木県の日光にある小来川流域で育まれてきた毛バリ釣りを知る機会を得て、以来、この釣りに手を染めるようになった。

　当初はテンカラ釣りのなんたるかも理解できず、ただ試行錯誤の連続。難しいと思ったがそれでも何とかして釣りたいと精進した。

　そのかいあって、3シーズン目にしてようやくテンカラ釣りの何たるかが理解できるようになり、自分のモノにできたと感じられるようになった。ヤマメやイワナがたまたま釣れたのではなく、「ねらって釣った」と思えるようになったのである。テンカラ釣りの醍醐味はこの過程の中にあると思う。正直、それからは自分が名手になったかのような心境になった。

　これまで長くテンカラを楽しんできたが、結論は「渓魚は毛バリを選り好みしない」ということ。つまるところ毛バリは何でもよい。それよりは、毛バリをより遠くへキャトする技量を磨くべきだと思う。渓魚たちに不用意に近づくことなく、アプローチ、つまり釣り人が立つ位置をしっかり考えさえすれば、テンカラはそんなに難しいものではない。

　毛バリをキャストして流す際には、ヤマメ、イワナあるいはアマゴが毛バリをくわえるポイントではハリスをたっぷりたるませ、流し込むことを心がける。そうすれば肝心のアワセも、おのずとやさしくなる。キャスティングさえ上達すれば、あなたはもうヤマメもイワナも手に収めたも同然だ。ぜひ精進してほしい。

Profile

瀬畑雄三

1940年茨城県生まれ。20歳の頃日光でテンカラ釣りに出会う。山遊びの達人としても知られ、著書に『名人が教えるきのこの採り方・食べ方』（家の光協会）、『渓のおきな一代記』（みすず書房）などがある

巻くための材料

ハリ：がまかつ『テンカラ専用鈎』７～９号
ハックル（ミノ毛）：ニワトリ、キジ、ヤマドリ、クジャク、ほかいろいろ
ボディー：自己融着テープ、ピーコックハール、ウイリー各色など
スレッド（糸）：ストッキングをほぐした細糸

片山悦二さんが語る ファジー毛バリ

日本でも世界でもこれ1本

プロアングラーとして知られる故・西山徹さんと釣りに行く機会がたびたびあった。その際にあまりにもいい加減な毛バリだということで、西山さんが命名してくれたのがこの毛バリである。その名のとおり、特別な何かをイメージして巻いたものではない。自分としては単純に「エサ」だと思っている。

アクションを付けるより、アマゴがエサを食べている筋に自然に流すことが一番である。使用時期は早春から初夏まで。全国どこへ行く時も毛バリを変えることはない。

私がテンカラを始めたのは40年ほど前。渓流釣りのデビューはルアーフィッシングで、その後フライフィッシングを少しかじった。さらにエサ釣りを経て最後にテンカラにたどり着いた。

テンカラを始めた頃は、いろいろな毛バリを使った。釣り場にもさまざまな毛バリを携行していたのである。当然、釣れなければそのたびに毛バリを交換していた。すると、釣れない原因も毛バリに求めるようになってしまった。

数年後、釣れないのは自分のせいだとはたと気付き、毛バリは1種類しか使わないと決めた。時間帯も季節も関係なく、四国も北海道もニュージーランドの川もこれ1本で通してみた。すると魚に毛バリを食わせるためにやるべきことが分かってきた。そして、面白いほど釣果が伸びたのである。

大切なのは魚のいる筋を読み、魚の居場所よりやや上流に毛バリをキャストして魚にハリを見せる時間を作ることだ。流れの強い場所でピンポイントをねらう時で2秒、魚の活性が低くなるべく長く見せたい時で5秒ほどのイメージ。私はねらう場所を自分より上流に置いて下流側から釣るようにしている。キャストした毛バリは小さな着水音と小さな波紋を作る状態で水の表面張力を突き破らせる。毛バリに反応した魚をすべて釣りたいと思うと、毛バリは着水直後から沈ませたほうが食い損ないを減らせる。

キャスト後は毛バリが流れより速く下るようならラインの張り過ぎ。逆に沈んで行くようなら緩めすぎだ。その加減に気を配りながらサオを立てて行く。この簡単な操作で毛バリは沈み過ぎず、水面直下をキープして魚の居場所まで流下する。これが基本的な釣り方になる。

Profile

片山悦二

1949年生まれ。アユ釣りやハエ釣りの競技会で優勝経験があり、テンカラ釣りでも地元の四国で多くのアマゴを釣る。イシダイ、メジナ、ソルト系ルアーなど他にも多くの釣りが好き。著書に『テンカラ釣りがある日突然上手くなる』（つり人社）がある

巻くための材料

ハリ：12番のフライフック（テンカラ用なら7～8号）
ハックル（ミノ毛）：サドルハックルのグリズリー
ボディー（胴）：ピーコックハール、クリーム色の毛糸
スレッド（糸）：クリー

天野勝利さんが語る
飛騨の雉丸

逆さ毛バリの誘引力

私の毛バリは、基本的にこれ1種類である。ただしミノ毛に使っているキジの羽根には濃淡があり、色合いの変化によって使い分けるケースはある。白っぽい川底では黒っぽい毛バリを使う。逆に渇水によるアカ腐れなどで川の色が暗い時は白っぽい毛バリを結ぶ。ちなみに毛バリ釣りの最盛期は白いものを使うことが多い。

広い本流でのテンカラを好む私は、ロングラインで毛バリを遠くに飛ばすこともある。そんな時には毛バリを見ることはできないので、重視するのは魚から見てのアピール度だ。

魚が虫を捕まえようとやっきになっている時は、はっきりいってどんな毛バリでも食うだろう。だが好奇心で口を使うような時は、毛バリの動きも大切だと思う。

逆さ毛バリは、水中でミノ毛がふわふわと動く。これによって魚を誘ってくれるのだ。低活性時には小さい毛バリを使うという考え方もあるが、私の場合は逆の手を使うことが多い。つまり動きでしっかりと魚を誘い、口を使わせるのである。

この毛バリが最も効果的な時期を暦で示すのは難しい。

カレンダーは人間の都合でできたものので、自然には自然の時間の流れ方がある。稲が伸びるタイミング、花の開花、虫の動きなどは、何月何日にどうこうというものではない。したがって釣り人は、自然に敏感でなくてはならない。

そうした感覚で言うと、ヒゲナガカワトビケラが羽化する時こそ、『飛騨の雉丸』が活躍する時期だ。おそらくその時は他の水生昆虫も多く羽化している。

かつては、水生昆虫そのものに似せた毛バリを巻いたこともある。しかし、今のような毛バリが自分には合っていた。ニュージーランドを訪れた時には、現地のフライフィッシングのガイドに「この毛バリではダメだ」と言われたことがある。ちょうどセミの発生する時期で、毛バリもセミに似せたものを使えというわけだ。

しかし私は、コップの中で自分の毛バリを躍らせてガイドを納得させた。この動きで、魚を誘うのだと。結果的に逆さ毛バリは、異国の地でもたくさんの魚を誘ってくれた。

山や川へ行くのに、本当は時計などいらない。自然を注意深く観察することで、釣りにおいても何をすべきかが見えてくる。そのことはテンカラに限らず、魚と遊ぶためにはとても大切なことだと考えている。

Profile

天野勝利

1943年生まれ。益田川のほとりで『お宿・お食事処 あま乃』を営む。テンカラ歴は40年を超える。本流でロングラインを操るテンカラが得意。ニュージーランドへ遠征し、ニジマスやブラウントラウトをテンカラで釣ったこともある

巻くための材料

ハリ：オーナー『渓流』8号前後
ハックル（ミノ毛）：キジの胸毛
ボディー（胴）：絹糸（白）（スレッドも兼ねる）
アイ：吸い込み糸（2号）

石垣尚男さんが語る
バーコードステルス毛バリ

見えないからこそ迷わない

私の毛バリは特定の虫をイメージしていない。水面を流れる羽虫であったり、水中を流れる川虫であったり、魚が常食するエサをイメージしている。

毛バリは基本的に流れなりに流す。水面でもよいが、魚の活性が低く水面を割って出ないような場合には、少し沈めて水面下5～10㎝を流すようにしている。この時はラインとハリスの結び目が水面上10㎝から水面ギリギリまでの間を流れるようにするとよい。

そして状況によってはただ自然に流すのではなく、上流へ引っ張り上げる逆引きをしたり、流れを横切らせる扇引きをしたり、あるいは流したり引っ張ったりしないで1ヵ所に止めたりもする。白泡の下に深く潜らせてから流すこともある。

何しろ毛バリは基本的にこれ一本。さまざまな使い方と組み合わせることで解禁から禁漁まで通用する。

私は長年のテンカラ経験の中でさまざまな毛バリを使用してきた。最初は虫の色に似せるのがよいという本をもとに、茶系の見づらい毛バリを使っていた。非常に見にくいので、どこに毛バリがあるか分かるように水面を引くという、最もアワセが利かない釣り方をしていた。そんな時、瀬畑さんが使っているという真っ白で大きなハックルの毛バリを知った。そのような白い色の虫はいないはず。これでは釣れないだろうと思っていたが、その毛バリは色に関係なくよく釣れた。

ただ、毛バリに見やすさを求めると、逆光、夕方、毛バリが沈んだ場合などの毛バリが見えにくい状況になった場合に不安になる。そんな中、瀬畑さんの毛バリの一件で色は釣果に関係しないと思えるようになったので、茶色のハックルに黒い胴という、見えにくい毛バリ（ステルス）をさらに試してみた。そして毛バリを「点」ではなく、その周囲やラインの動きを含めた「面」で見るようにした。すると魚が釣れるようになった。

ハックルはパラリとしか巻かない（バーコード）。ハックルが多いと空気抵抗が大きくなり、ピンポイントへのキャスティングがしにくくなる。

あえて断言するなら、自然渓流の魚には毛バリの色も形も関係しない。唯一、サイズだけである。そのサイズは魚の常食するエサの大きさ。多くの場合、フライフックの12番で魚種に関係なく通用する。毛バリに迷わないことである。

Profile
石垣尚男

1947年生まれ。大学で教鞭をとるかたわら、テンカラの普及のために各地で講習会を開催している。著書に『超明快レベルラインテンカラ』（つり人社）、出演DVDに『テンカラ大王のアタリパターン解析　ーテンカラHit Vision』（つり人社）などがある

巻くための材料

ハリ：がまかつ『S-10B』（バーブレスフック）＃12
ハックル（ミノ毛）：茶色の羽根
ボディー（胴）：ミシン糸の黒やクリーム色
その他：瞬間接着剤

佐伯覚憲さんが語る 黒部鉤

毛バリの重さを意識してみる

どこにでもいる黒っぽい虫のような毛バリ。シーズン中はこのパターンだけを使う。ただしハリの太さは2種類用意しており、その微妙な沈みぐあいの差による使い分けはしている。

私が釣りをするのは『平の小屋』付近の山岳渓流。反転流の岩の中に流し込むような使い方になる。その際、毛バリはただ流し込むのではなく、魚の前でテンションを掛けてハリをやや逃がし、少し浮き上がらせるようにする。そうでないとアタリが分からない。また、魚に頭を振らせてハリを必ず鼻に抜きたいのでこのような釣り方になる。

職漁師だった父親から、釣りは教えてもらえなかった。なぜなら川に行けば本当の先生、魚がいるからだ。父親は「魚から教えてもらえ」と言うのが口癖だった。

よく「どうしたら上手くなれますか、魚が釣れますか？」という質問をされる。魚が釣れた時に、なぜ釣れたのかを理解しないといけない。先生（魚）は釣られた時に、その理由をちゃんと教えてくれているのだ。

最初は祖父の毛バリを真似することから始め、少しずつ進化させた。セイゴバリや鬼針を使い、環（アイ）を自分で付けて手巻きで毛バリを作っていた。中学1年の頃にフライ用品のバイスやハリと出会い、いろいろな毛バリを巻いた。折れる、伸びるなどのトラブルを経験し、試行錯誤するうちに今のハリにたどり着いた。

毛バリの種類、材料の種類、ハリの重さによって、打ち込む場所は微妙に変えないといけない。そうしないと魚の目の前に毛バリが流れて行かないからだ。最初は自分が使う毛バリはあまりばらつかせず、できるだけ同じ比重のものを使うとよいと思う。

私は渡し船を操船する合間の短時間しか釣りができない。そのためにいかに効率よく釣るかを考え、いろいろな釣り方の中からテンカラを選んでいる。テンカラは他の釣り以上にさまざまな「芸」ができる釣りだと思っている。

Profile

佐伯覚憲

1965年生まれ。富山県の黒部ダムから徒歩約3時間半に位置する『平の小屋』を継ぐ3代目。シーズン中は登山者や釣り人を運ぶ渡し船を操船するかたわら、空いた時間で食事に出すイワナを釣っている

巻くための材料

ハリ：ティムコ『TMC2487』#10、『TMC2457』＃6～10、環付きのグレバリ5号など
ハックル（ミノ毛）：ヘンハックル（黒っぽいナチュラルカラー）
ボディー（胴）：ピーコック
スレッド（糸）：絹糸の黒紫色

吉田 孝さんが語る

剣羽根ゼンマイ胴／BH沈み花笠／現代版・蜂頭《はちがしら》

巻く楽しみもテンカラの一部

私はフライフィッシングの世界からテンカラに入ったので、あらゆる毛バリを作り、現在も作り続けている。自己検証の範囲ではあるが、伝統的なものにはやはり釣れる理由があり、一方で新しい毛バリにもそれだけの効果がある。

現在はここに挙げた3つの毛バリをメインで使用しているが、新しい毛バリだけでは奇をてらったものになってしまうような気もするし、伝統に固執してばかりでも毛バリの進化はないと思う。伝統は伝統、革新は革新として、これからも自由な発想で毛バリ作りを続けていきたいと思っている。

料理と酒、その両方が相まって満たされるようなイメージで、私のテンカラは効果的な毛バリを巻くことと釣りの技術を高めることの両輪で完成される。そのどちらが欠けても成立しないし、釣り人が多く訪れるいわゆる激戦区では、実際にケースバイケースの釣りを行なわないと魚が釣れない時がある。

だからこそ多種類の毛バリを用意して、ありとあらゆる釣り方でテンカラを行なっている。「テンカラ釣りに毛バリの種類はそれほどいらない」という方もいるが、私の場合は柔軟な発想でいろいろな毛バリを巻き、それらの毛バリを使ってテンカラをすることが何よりも好きなのである。なお、釣りはリリースが前提なので、使用するハリにカエシがある場合は潰してバーブレス状態にしている。

『剣羽根ゼンマイ胴』（上）はカゲロウをイメージしており水面から水面直下を自然に流す。オールマイティーだが、主に瀬と落ち込みの肩を釣る時、さらに毛バリを定位させる止め釣りの時に効果的だ。

『BH沈み花笠』（中）のモデルは特にないが、水生昆虫の生命感をイメージしている。これは水深のある場所で誘って使っている。どちらかといえば水温の低い時、水深のある場所や底を流す釣りに向く。主に誘い釣りに使う。流速のある場所をゆっくりと流し、反転流に放り込むのも効果的だ。

『現代版・蜂頭』（下）は、その名のとおりハチやアブを模している。水面に乗せるようにピンスポットに打つことが多い。毛バリ釣りの最盛期、支流や小さい沢などで階段状のポケットをねらったり、浅い瀬を短く流したりして使っている。

Profile

吉田 孝

1960年生まれ。吉田毛鉤会代表。毛バリ釣りの楽しさを多くの人に伝えるためにTOKYOトラウトカントリーでテンカラ教室を開催している。テンカラ入門のDVD『テンカラ「一尾釣るまで！」塾。』に出演。ブログも頻繁に更新している

巻くための材料

ハリ：がまかつ『管付きヤマメ』7号
ハックル（ミノ毛）：キジの剣羽根
ボディー（胴）：ゼンマイの綿毛
スレッド（糸）：ユニスレッド6/0のキャメル

巻くための材料

ハリ：オーナー『桑原テンカラ』3号
（ストレートアイ）
ビーズ：ブラスビーズ3/32インチ
ハックル（ミノ毛）：キジの胸毛
リブ：ブラスのワイヤ
ボディー（胴）：ゼンマイの綿毛
スレッド（糸）：ユニスレッド6/0のライトケイヒル

巻くための材料

ハリ：ティムコ『TMC 2499SP-BLB』#14
目玉：ヘアリグストッパー（カープフィッシング用）
ハックル（ミノ毛）：コックネックのバジャー
ボディー（胴）：アイスダブ2色
（ピーコックブラックとホットイエロー）
スレッド（糸）：ユニスレッド6/0のブラック

ダニエル・ガルハルドさんが語る Oki Kebari

アメリカでも通用する伝統

　テンカラの毛バリは何にでもなり得る。とても汎用性があり、さまざまな状況下で使える優れたものだと思う。私が使う毛バリは4タイプ。各パターンの構造自体は同じで色と素材を少しだけ変えている。メインに使っているのは2本。12番サイズのフライフックに巻く、黒い胴にニワトリの羽根を巻いたものと、白い胴に軟らかめのキジの羽根を巻いたものである。これ以外に、特に虫が小さい場合には、より小さな16番サイズのフライフックに巻いたパターン、そして逆に流れが速かったり大きな虫がいる時には、12番よりも大きい8番サイズのフライフックに巻いたパターン（写真）もアメリカではよく使っている。「Oki」は日本語の「大きい」から付けた。

　毛バリの操作は石垣尚男さんや天野勝利さんらから教えてもらった。それらのテクニックを表層で行なうこともあれば、表層より深いところで行なうこともある。

　まずは誘いを入れずに自然に毛バリを流す。数分流してもアタリがない場合、一定の間隔で毛バリを上下にアクションさせる。お気に入りのテクニックは水面下でフライを止めて、流して、止めて……というのを繰り返すものだ。

　テンカラを始めた頃は、ほとんどの場面でフライフィッシング用のドライフライの1つであるエルクヘア・カディスを使っていた。しかし、私はドライフライの限界に気が付いた。ドライフライは当然ながら沈めて使うことを前提にしていない。そのため誘いのアクションも効果的ではない。

　石垣さんには「毛バリはなんでもOK」ということを教わったが、最初はそういったやり方で上手く行くとは思えず懐疑的であった。だが、信じて実践し続けて行くとすぐに毛バリはそれほど重要ではないことに気が付いた。

　テンカラが教えてくれた最も大切なことは、タックルよりもテクニックが重要だということ。それが現在の私のテンカラにおける哲学になっている。

　日本とアメリカのテンカラに大きな違いはない。私はテンカラをアメリカに紹介したが、日本の伝統的なテンカラを伝えるために注意を払っている。とはいえ、アメリカ人は試行錯誤が好きであり、時に必要以上に物事を複雑にしてしまう。私はいかにテンカラがシンプルなものか、人々に伝えたいと考えている。

Profile

ダニエル・W・ガルハルド

1983年生まれ。ブラジル出身。米国コロラド州ボルダー在住。2008年に来日してテンカラに出会う。やがてテンカラの合理性に気付きそれまでのフライフィッシングから転向。2009年にTenkara USAを立ち上げ、アメリカでテンカラの普及に努めている

巻くための材料

ハリ：フライフック＃８
ハックル（ミノ毛）：キジの羽根
ボディー（胴）：黒い糸

Column

ビーズヘッドの効能

テンカラ用の毛バリに材料の決まりはない。瀬畑雄三さんは「逆さ毛バリ」（P22とP84）を自作するのに手近にあったパンティーストッキングの繊維を利用した。吉田孝さんは「剣羽根ゼンマイ胴」（P94）に山菜のゼンマイに生える綿毛を使っているが、これは現在のように化学繊維が簡単に手に入る前の時代に広く利用されていたものだ。

とはいえ、最近は質・量ともに充実しているフライフィッシング用の素材（マテリアル）がテンカラ用のハリにも盛んに用いられるようになっている。なかでも利用者が明らかに増えているのが「ビーズ」だ。

フライフィッシングの専門店には多くのビーズが売っている。ブラスビーズ、ゴールドビーズ、タングステンビーズなどのオモリを兼ねた金属タイプのビーズのほか、色とりどりのプラスチック製もある。金属タイプは丸型、多面型、コーン型など形状も多彩だ。サイズはどちらのものも複数ある。

金属やプラスチックの輝きが水中で渓流魚にアピールする場面は少なくない。使用方法に決まりはないが、最も多いのは他の素材をハリに巻き付ける前にビーズを通しておき、アイ（環）のすぐ後ろに持ってきて固定する方法。フライではヘッド（頭）と呼ばれる部分のパーツになるため、この手のパターンが「ビーズヘッドフライ」「ビーズヘッドニンフ」と呼ばれる（英語のビーズは複数形なので実際は〝ビードヘッド〟）。今では世界中の釣り場で利用されている効果的なパターンだ。

石垣尚男さんが本流の釣り場を攻略するために用意したタングステンビーズ付きの毛バリ。
ヤマメ、イワナ、ニジマスと種類を問わずビーズに好反応を示す魚は多い

パート5

おすすめテンカラ河川ガイド

次の週末はどこへ行こう?
テンカラが楽しめる各地の渓流から
おすすめの釣り場をピックアップ

※釣り場情報は2021年時点のものです。
料金や河川の状況は年により変わる場合がありますので、
釣行の際はご自身でも情報をご確認のうえお出かけください。

群馬県◎烏川《からすがわ》

棒名山の裾野を縫うテンカラ向きの流れ

案内人◎小林和則（群馬県吾妻郡東吾妻町在住）

烏川は頭上の開けた明るい里川

安定した放流と長い区間

烏川は群馬・長野の県境にある鼻曲山を水源に上毛三山のひとつである榛名山の裾野を流れ、下流部で鏑川や神流川と合流し、すぐに利根川と合流する全長61㎞ほどの中規模河川。テンカラ釣り場としては高崎市我峰町の榛名白川合流点より上流から高崎市倉渕町川浦の源流まで約40㎞とかなり広い。

下流部となる高崎市街地に近い長野堰より下室田地区の室田発電所放水口の間約7㎞は4月中旬より水温が15℃前後あり、エサも豊富だ。数は少ないが25㎝前後がアベレージで過去には35㎝のヤマメを釣りあげたのもこの区間である。下流といえども河原の石は一抱えもあり、瀬と淵が連続する流れである。室田発電所より上流の取水堰まで約3㎞の区間は水量がある程度ある時の釣り場。本格的なテンカラ釣り場はこの取水堰より上流となる。

川沿いに道路が走るので入渓しやすい。初心者も安心して釣りを楽しめ、なおかつ魚が多い。おすすめエリアは榛名川出合より長井川出合の約9㎞の間である。稚魚・成魚放流とも安定しており16〜28㎝のヤマメが夕マヅメに面白いように反応してくれる。

長井川より最上流部のはまゆう山荘付近までの12㎞は、サイズは多少落ちるが稚魚放流のきれいなヤマメが反応してくれるはず。全体的にテンカラに適したくるぶしからひざ程度の流れでわずかに水深がある場所が好ポイントとなる。

サオは川幅がやや広いので4m前後、ラインは4・5〜5m、ハリスは1号を基準に少し長めに1・5〜2m取ればよい。釣り上がってみて反応がなければ少し誘いを入れアピールすることで食い気が高まる。

ベストシーズンはチラカゲロウ（ピンチョロ）が羽化し始める4月中旬頃より5月中旬で主に夕方が有利である。入渓しやすいので、季節が進むほどヤマメはスレる。毛バリはフックサイズ#16程度の小バリも用意したい。毛バリが見切られないように、ポイントに打ち込む回数は少なめ（2〜3投）を心掛けたい。

川の近くにある「道の駅くらぶち小栗の里」は地元の新鮮野菜などが並ぶ朝市が開かれている。夕マヅメが有利なので、日中は入川場所やポイントを下見するか、周辺の観光地を巡ってもよいかもしれない。

Guide

●管轄漁協：上州漁協（☎027・322・3041）
●対象魚：ヤマメ
●解禁期間：3月1日〜9月20日
●入漁料：日券2000円、年券9600円
●交通：関越自動車道・高崎ICもしくは前橋ICを降り、R406を棒名〜倉渕町方面へ。上流部にはさらに県道54号を利用

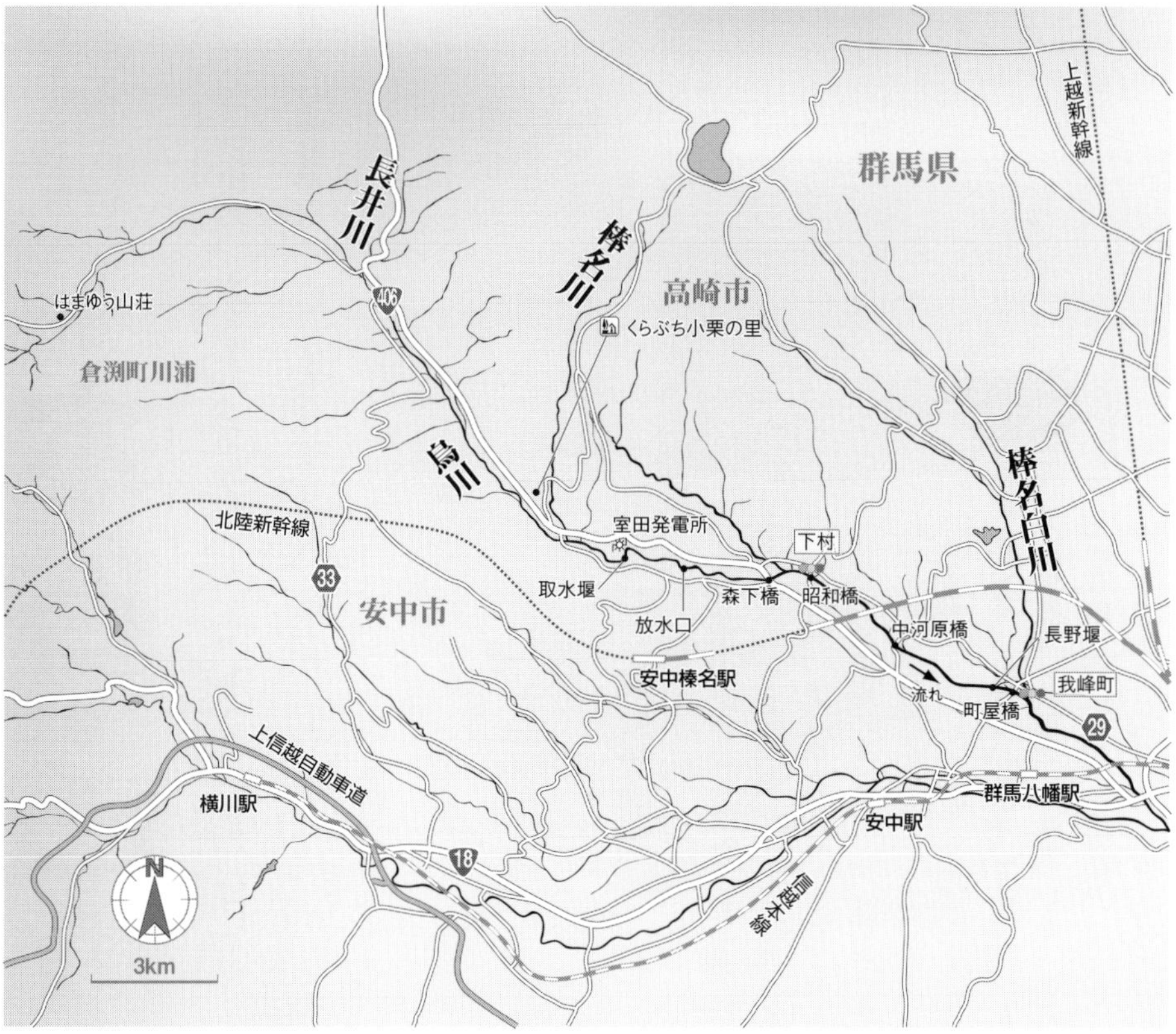

このサイズが毛バリに食いつく

毛バリは＃ 12 ～ 16 がおすすめ

群馬県◎本谷《ほんたに》・中ノ沢《なかのさわ》

予約制でねらえるヒレピン渓流魚

案内人◎編集部

本谷毛ばり釣り専用区内の流れ

毛バリ釣りを満喫

群馬県の上野村を流れる神流《かんな》川は、全国でもいち早くキャッチ&リリースによる河川管理を導入したことで知られる。神流川の本流はヤマメ釣りが有名だが、上野村漁協がテンカラおよびフライフィッシングの毛バリ釣りに限定して、自然の流れの中でゆったりと釣りを楽しめるように設定しているのが管内にある2つの専用区だ。

1つは2006年にオープンした神流川本流の釣り場の最上流部、上野ダム減勢工より大神楽沢橋までの約2㎞区間に設置された「本谷毛ばり釣り専用区」。もう1つが2015年にオープンした神流川の支流にあたる中ノ沢を利用した「中ノ沢毛ばり釣り専用区」である。どちらも人数限定の予約制。本谷毛ばり釣り専用区は1日7名、中ノ沢毛ばり釣り専用区は1日8名までの利用となる。

区間内は自然のままの流れになっており、一方でヤマメ、イワナともに魚の数は非常に多い。毛バリ釣りの入門者が渓流釣りの基本を覚えるのにはぴったりの環境になっている。2つの釣り場は秋に親魚が残って産卵活動が行なわれる自然再生産を目指しているので、神流川本流の一部区間と同じように全域にわたってキャッチ&リリースがルール。魚のダメージを最小限にするため、毛バリも使用できるのはシングルフックのバーブレスのもののみとなる。

予約は釣行予定の10日前から電話で可能。神流川沿いにある上野村ふれあい館内の漁協事務局が窓口だ。

ほかにも良好な釣り場環境を維持するための決まりがいくつかあり、クーラーやビクの持ち込みは禁止。釣り人が車で入れるのも受付で渡される進入許可証を掲示したうえで釣り場にある管理棟までとなる。また、午前(9~13時)は予約したブロック内でのみ釣りができ、午後(13時以降)からは自由に移動して釣ることができる(ただし釣り上がりのみ)。

周辺は木々も豊かで夏場も魚たちの活性は高い。1つ1つのポイントにていねいに毛バリを打ち込んで行けば、ヤマメもイワナもコンディションのよい良型がシーズンを通じて楽しませてくれる。

専用区にはところどころ看板が立つ

Guide

- ●管轄漁協:上野村漁協(☎0274・59・3155)
- ●対象魚:ヤマメ、イワナ
- ●解禁期間:4月のオープン日~9/20
- ●入漁料:日券3500円(女性は500円引き)
- ●交通:上信越自動車道・下仁田ICから湯の沢トンネル経由で上野村方面へ。受付のある上野村ふれあい館までおよそ40分

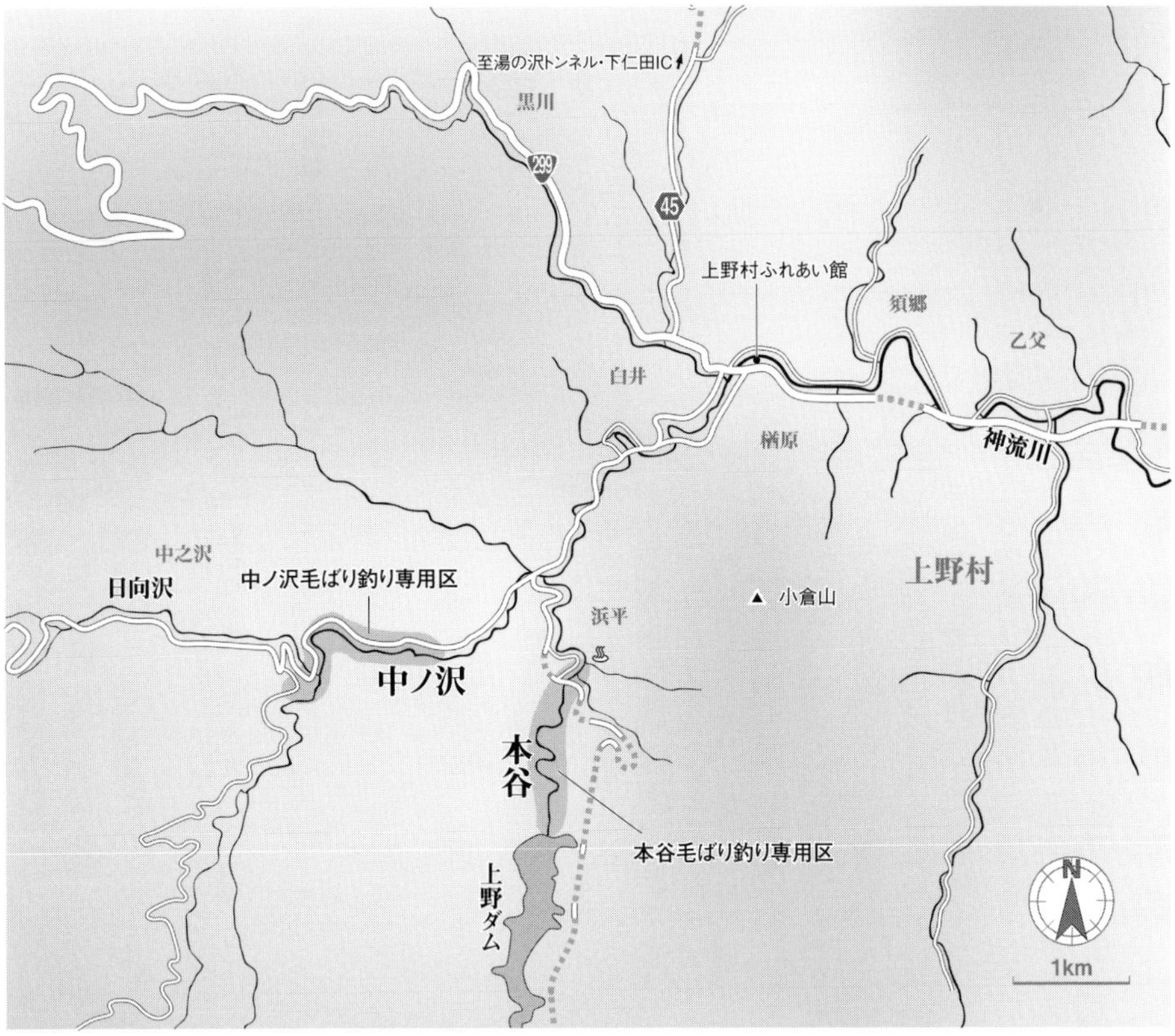

上野村漁協は長年
ヤマメ釣りの振興
に力を入れている

中ノ沢のヤマメ

中ノ沢毛ばり
釣り専用区

埼玉県◎赤平川《あかびらがわ》・薄川《すすきがわ》・広河原谷《ひろがわらだに》

秩父ヤマメが泳ぐ都心近郊の毛バリ釣り場

案内人◎大沢健治（埼玉県日高市在住）

赤平川は盛期になると驚くほどの浅瀬に渓魚が入る

【赤平川】浅瀬から飛び出すヤマメ

　埼玉県と群馬県の県境にある諏訪山に源を発し、小鹿野町を東へ流れ秩父市で荒川に合流する赤平川。Ｒ２９９を十石峠方面へ走り、左側に見える新秩父開閉所の鉄塔群を通り過ぎ、少し走ると桃木平となり、この付近から上流が釣り場になる。ここから上流へ約２㎞行った納宮地区上流の滝までがテンカラにおすすめの区間。対象魚はヤマメ。川は浅く平坦な流れが中心となり流れは緩い。川は頭上が開けていて毛バリを振りやすい。テンカラ入門にもおすすめのフィールドだ。

　川は国道に沿っているので入退渓もしやすい。水温の上がらない解禁当初も魚はいるが、流れの緩い曲流部のブッツケなどが主なポイントになるため釣りにくい。それよりも、水温が上がり、川の大部分を占める浅瀬にヤマメが入りだす初夏頃からが俄然面白くなる。

　赤平川で瀬に入ったヤマメを釣るには、ポイントからなるべく距離を置くことが大切。サオは３・３～３・６ｍ、自分の振りやすい長さのラインで構わないので、岸際から離れた場所を歩きながら平坦な流れの中の小さな変化を捜して毛バリをテンポよく入れて行く。流れの中の小さな変化と

Guide

●管轄漁協：秩父漁協（☎0494・22・0460）
●対象魚：ヤマメ、イワナ
●解禁期間：3月1日～9月30日
●入漁料：日券1800円、年券7000円
●交通：関越自動車道・花園ICを降り、皆野寄居有料道路を経由して皆野長瀞ICで降りる。赤平川にはR140の橋を渡って県道44号を左折。R299沿いにアクセスできる。薄川にはR299の黒海土バイパス前の交差点を左折して県道37号へ。両神郵便局手前の信号を右折して薄川へ。広河原谷には皆野長瀞ICを降りてR140を秩父方面へ。浦山ダム方面の看板を目印に交差点を左折して県道73号で広河原谷へ

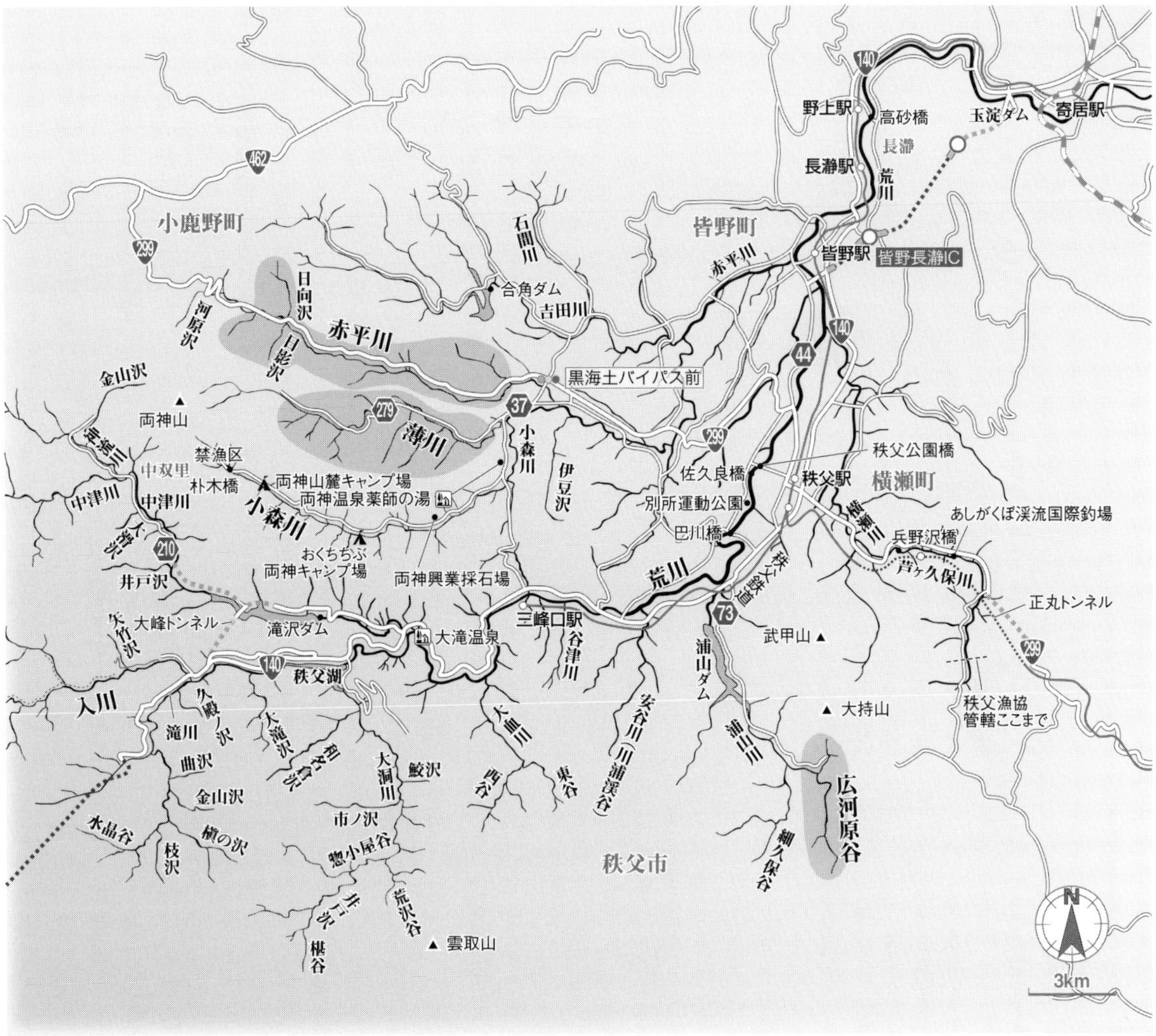

赤平川のヤマメは浅瀬の水面をパラシュートで釣れば素直に反応することも

は、底に沈む漬物石くらいの大きさの石や、流木などで出来た流れのヨレなどのこと。その他に時折出てくるブッツケはカケアガリ付近をねらって毛バリを打ち込みたい。

ヤマメのアベレージサイズは7寸（21㎝）前後。沈めて使うオーソドックスな毛バリのほかに、水深が浅いので浮かべて使うドライフライタイプも有効。特に夏場は陸生昆虫を意識した黒っぽいドライフライに反応がよい。

【薄川】
石化けしてねらう大岩の谷

薄川は両神山を水源に小鹿野町西部を東へ流れ小森川と合流する小渓流。赤平川と小森川の中間を流れる渓流で、どちらかの河川の逃げ場的な釣り場とされることが多いが、サオをだせば驚くほどの魚が見える。

解禁当初に成魚放流の魚が釣れることもあるが、盛期となる初夏からは川育ちのヒレピンが楽しませてくれる。上流部は落差もありヤマメを主体に時折イワナが混じる。下流部は浅く平坦な流れが続きポイントは少ない。釣り場は大神楽集落の少し下流あたりからがおすすめとなる。

大神楽橋下流に堰堤があり、ここは魚が居着いている確率が高い。そこを越え大神楽橋のすぐ上流がブッツケの淵で、さらに上流へ進むと好ポイントである大小の岩を配した流れが続く。さらに進むと出原集落付近で堰堤が数基現われるが、その下にも魚が居着いていることが多い。春先は静かにしているとライズが見られることもある。

大岩を配した流れはポイントも絞りやすく、薄川渓流観光釣り場付近までがおすすめ。入退渓点は多く困らない。上流に行くほど落差があり、大岩を配しているため身を隠してアプローチできるポイントが増える。4月頃でも陽気がよい日ならドライフライタイプの水面に浮く毛バリで勝負ができる。

サオは3m前後のやや短めが使いやすい。灌木の枝が被るポイントもあるが、全体的には素直にサオを振れる場所が多い。姿勢を低くしてアプローチに気を遣い、キャストは一発で決めたい。正確なキャストが多いほどスレたヤマメの釣果は上がる。ハリスは0・5号前後がおすすめ。

釣れる魚は小型から中型だが、ヒレのしっかりした丸々と太った川育ちのヤマメの引きは侮れない。毛バリは#14~18、やや小型のものがよい。道路沿いの渓ではあるが、ヌメリが強くパーマークのきれいなヤマメを手にできる貴重な釣り場だ。

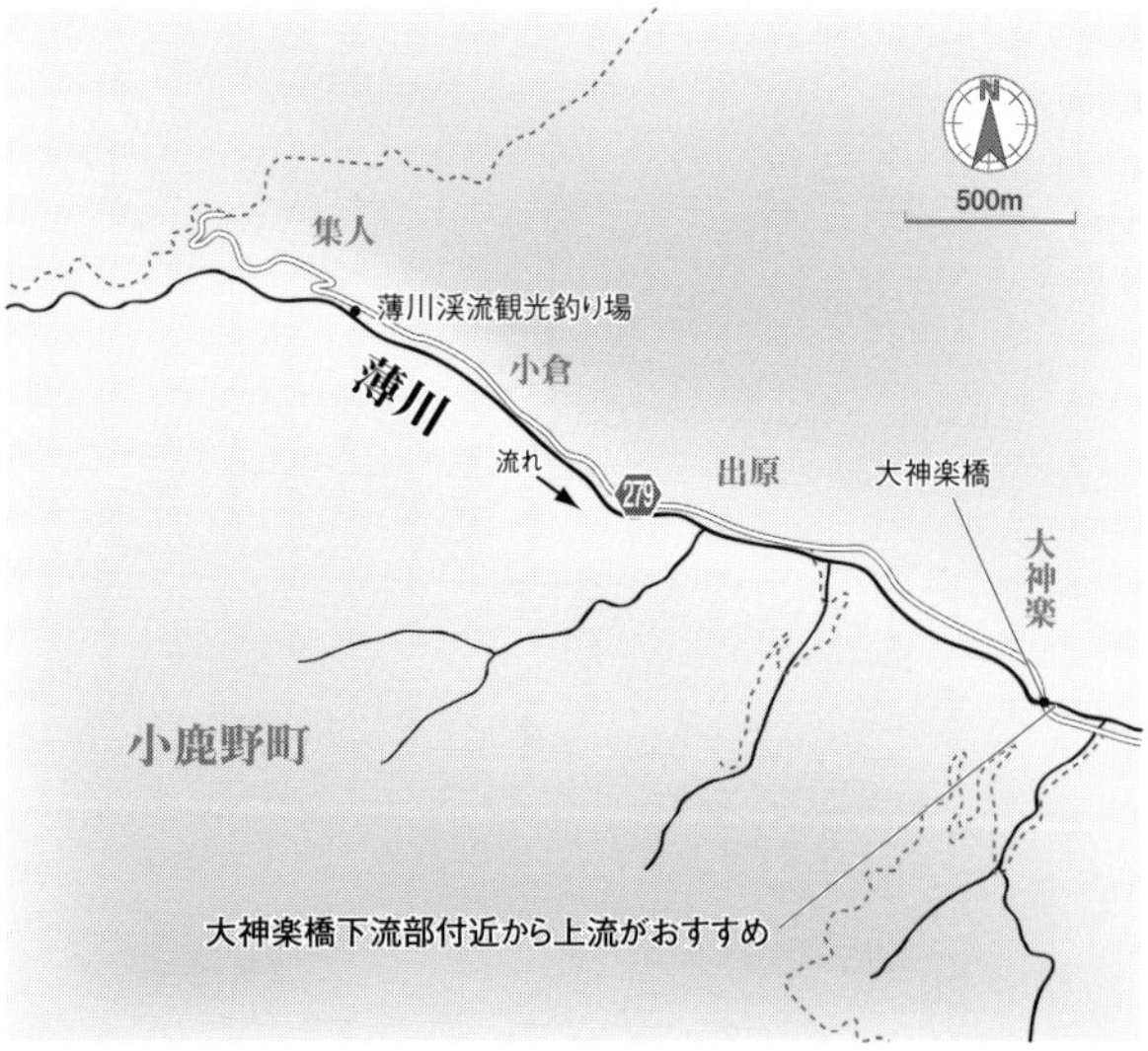

薄川の出原集落付近の流れ。堰堤が数基現われたらその前後がねらいめになる

【広河原谷】
3mの短ザオが好適な美形ヤマメの釣り場

荒川の大きな支流の1つである浦山川の上流部にあたる釣り場。源頭は日向沢ノ峰で、奥多摩との境に端を発した流れは北へ流れて浦山川となり、巨大なダムを経て荒川へ注ぐ。秩父の渓流釣り場の中でも放流量が多い浦山川だが、その上流部の広河原谷はヒレのしっかりした美形ヤマメが多く、時折イワナも顔を見せる。

釣り場の標高は1000mを超え、解禁後の春先は残雪が見られることも多い。秩父市内でサクラが満開でも、広河原谷は水温が上がるまでもう少しということがある。

釣り場は秩父市の浦山渓流フィッシングセンターの上流から。通行の邪魔にならないスペースに車を停めたら道路沿いに入渓点を探す。大岩を配した流れは落差もあり魚の姿はすぐに確認できるだろう。しかし、アプローチしやすい釣り場だけに、魚もスレているのでポイントへは慎重に近づく必要がある。キャストの回数はできるだけ少なくし、かつ正確に振り込みたい。

道路から離れて堰堤を数基越えると杣《そま》道が付いた静かな渓となる。苔むした大岩などもあり秩父の渓の魅力がそ

広河原谷は落ち込みの連続。
下流からねらっていく

剣羽根を用いたオーソドックスな毛バリに食いついた広河原谷のヤマメ

秩父の小渓は全般的に#16の小型ドライフライが効果的

こにある。落差のある渓なので一段低い場所や大岩の陰などを利用し、魚にできるだけ気づかれないように釣り上がる。4月でも流れに出たヤマメが毛バリにしっかりと反応してくれる。

頭上に木が被るポイントもあるのでサオは3ｍがおすすめ。落ち込みの肩、落ち込みからのカケアガリなどを重点的にねらうとよい。水温の低い朝方は沈めて流す毛バリの反応がよくても、天気のよい暖かい日であれば、昼頃からは水面の毛バリにヤマメが飛びつく。なお、上流に進むとわさび田が両脇に出てくるが、くれぐれも中には入らないようにしたい。わさび田を越えると流れは細くなり落差を増していく。ポイントも少なくなるので、この付近までが釣り場となる。

東京都◎川乗谷《かわのりだに》・小川谷《おがわだに》

都心から1時間にある源流オアシス

案内人◎吉田孝（埼玉県所沢市在住）

【川乗谷】短ザオで攻略するボサ川

川乗谷は多摩川の上流を流れる日原川の支流にあたる。釣り場は日原川との出合から聖滝までがおすすめになる。川乗谷バス停の目の前のゲートから林道に入り、林道に沿って歩いていくと、川に向かってコンクリートのスロープがある。

下りたところに小屋があり、橋が掛かっているのでこの前後から入渓する。ソ行できなくなった場合は入渓点に戻り、一度林道に上がってこの林道に沿って歩く。その後も川へ向けて尾根の傾斜の緩くなっている場所が数ヵ所あるので、そこを見つけて入渓する。

細倉橋から百ヒロの滝までは川と登山道が接近する場所が数ヵ所あるので、そこから入渓する。近年は川底に茶色のコケが密生していて非常に滑りやすいので注意したい。

瀬と淵が交互に出てくる階段状の渓相である。その連なる落ち込みに、ひとつひとつ毛バリを打ち込んでいくような釣りがメインとなるが、魚は敏感で、不用意にポイントに近づくと逃げられてしまう。小場所が多く、頭上には木の枝が被っている所が多い。2・7～3・3mの短ザオでラインもサオいっぱい程度の短め。コンパクトかつ正確なキャスティングが必要になる。ハリスは毛バリを浮かべて釣るならナイロン。沈めるならフロロカーボンを使うとよい。

【小川谷】日原川最大規模の支流

小川谷は日原川の支流としては最大規模。カロー谷との出合からが釣り場になる。日原鍾乳洞バス停より、鍾乳洞を右手に見て小川谷林道を上流に向かって歩く。小川の大滝を過ぎ、しばらく歩くとカロー谷との分岐に小さな橋があるので、この橋を渡って林道沿いの傾斜のゆるい場所を見極めて入渓する。

1・5㎞ポスト、2・5㎞ポスト付近にも入退渓できる場所がある。4㎞ポスト付近の犬麦谷との出合に退渓点があるがこの場所を最終としたほうがよい。ここから上流部は入退渓ルートの荒廃が激しくおすすめはできない。ソ

都内とは思えない川乗谷の風景

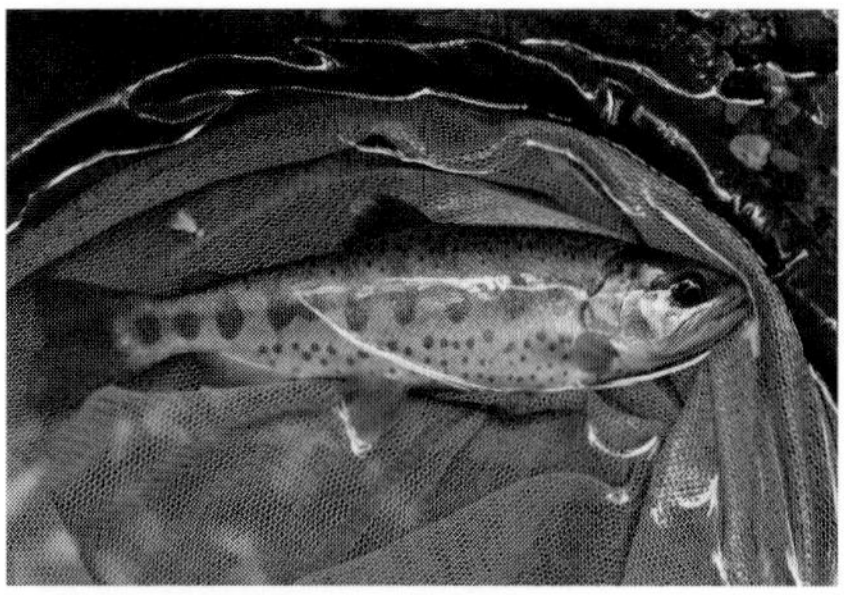

川乗谷のヤマメ。盛期になると胴回りが太くパワーも強くなる

小川谷は日原川に注ぐ大きな支流のひとつ

Guide

●管轄漁協：氷川漁協（☎0428・83・8588）
●対象魚：ヤマメ、イワナ
●解禁期間：3月第1日曜～9月30日
●入漁料：日券2000円、年券6000円
●交通：圏央道・青梅ICを降りて県道44号を右折。今井馬場崎の交差点を左折し、道なりに走って青梅駅前を過ぎ、R411に入る。日原街道入口の交差点を右折し、平石橋を渡り数百メートルで川乗林道のゲートへ。そこからさらに日原街道を鍾乳洞方面に向かい進むと、東日原の集落があり、その先が鍾乳洞付近となる

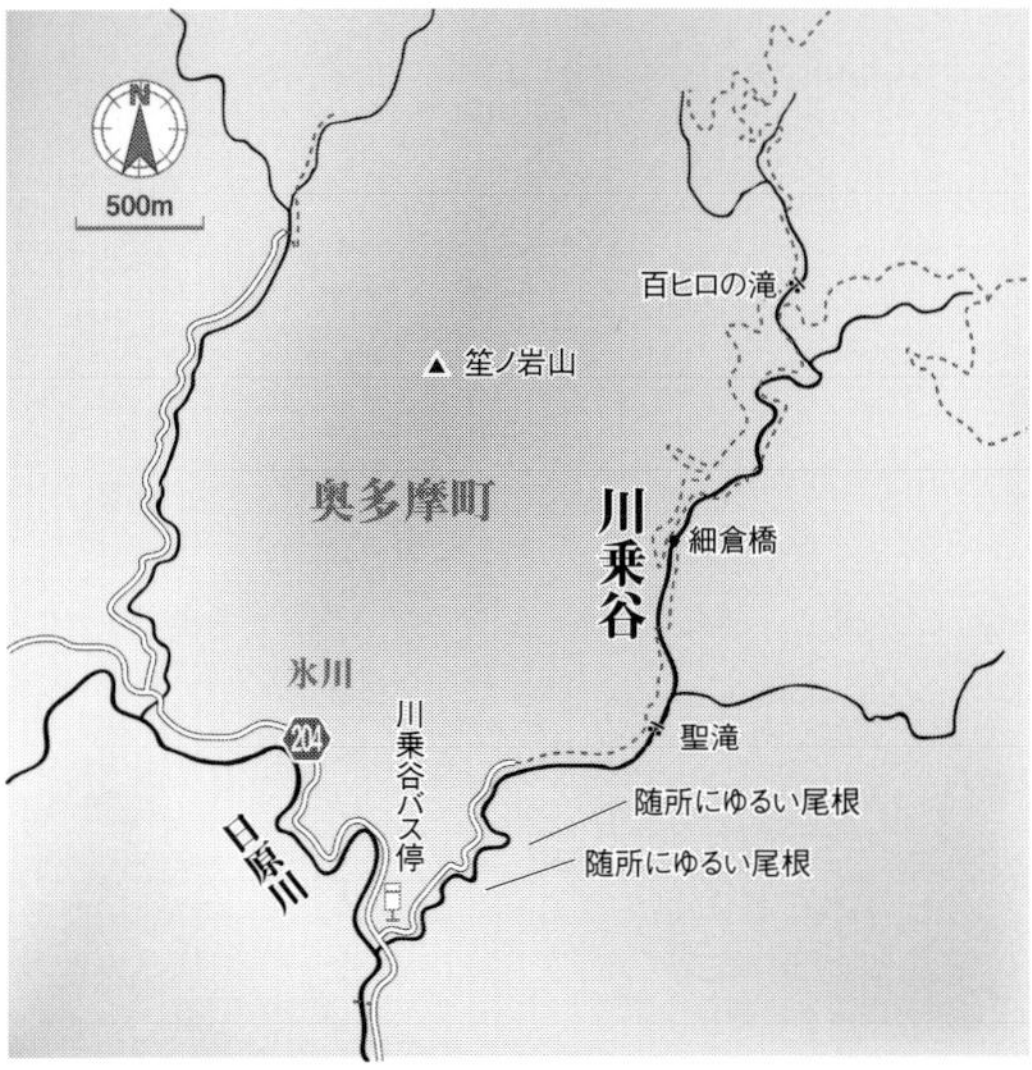

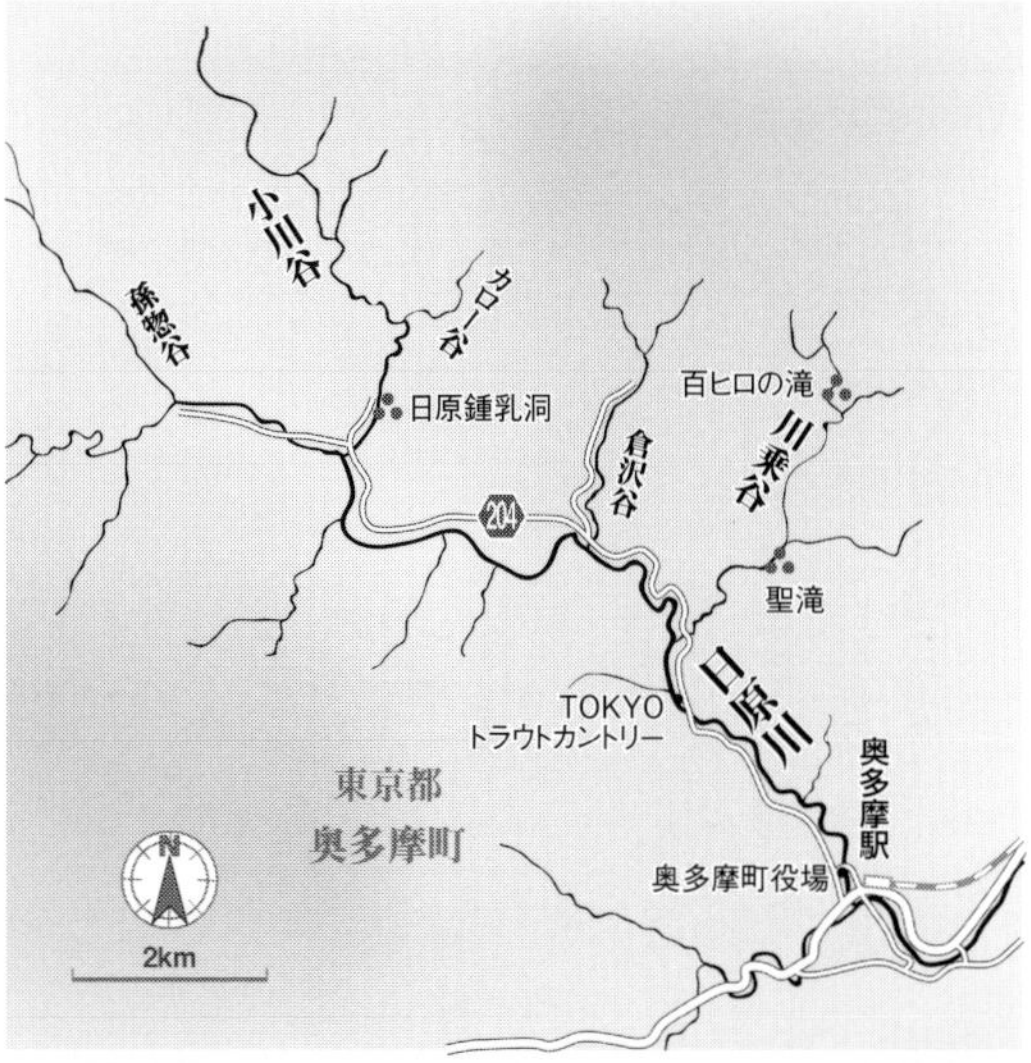

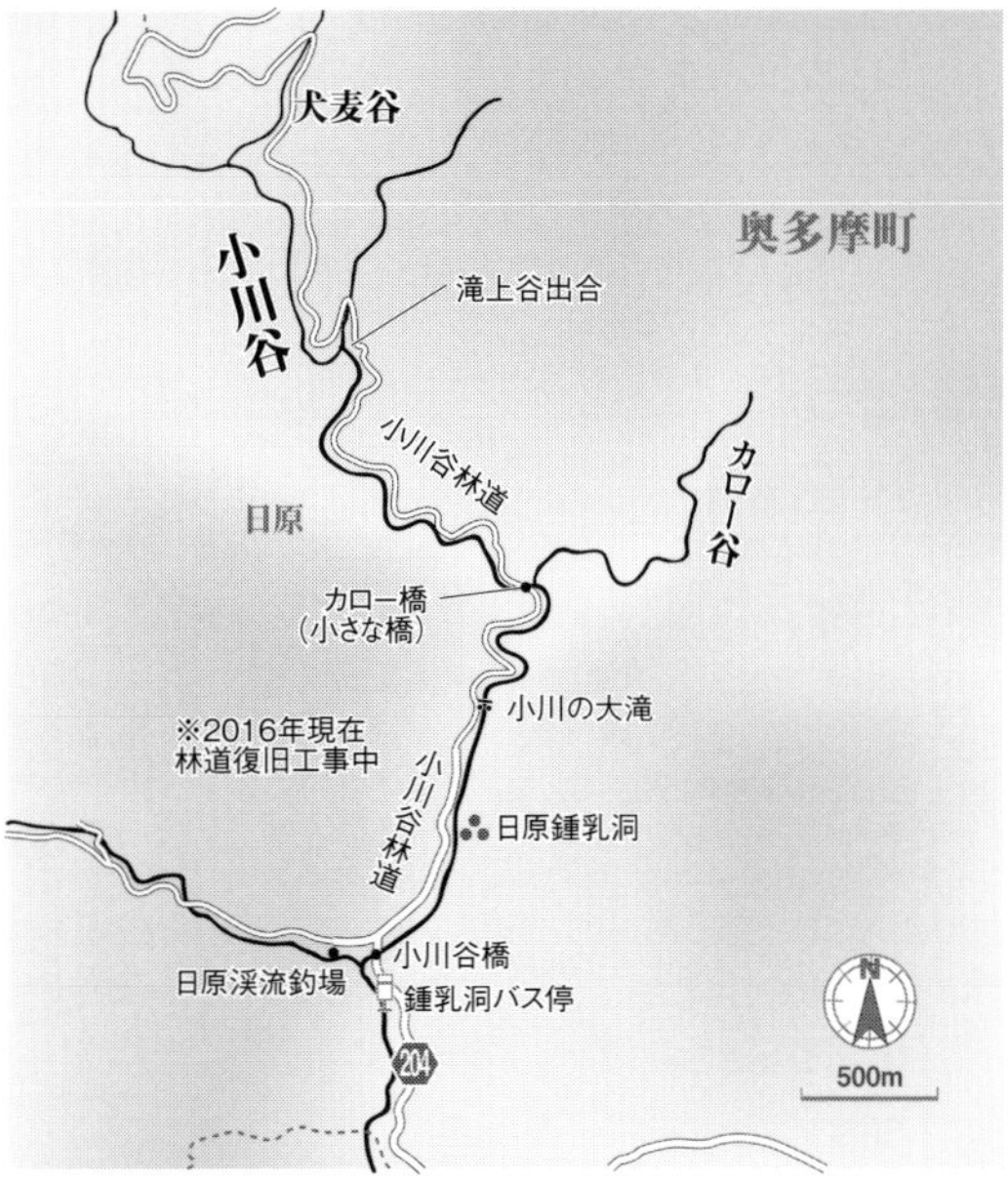

小川谷のヤマメも美形である

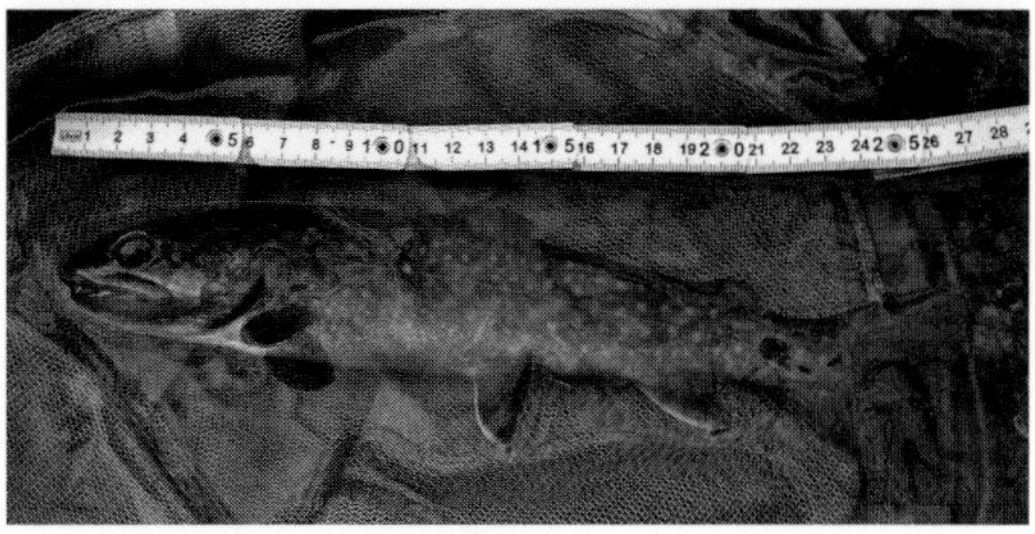
時おり９寸クラスのイワナも顔を出す

行しにくい場所が出てきたら、無理せず引き返すようにしたい。

奥多摩はV字谷がほとんどで、入退渓時には滑りやすい急斜面を利用することが多い。巨岩帯の場所、落石の多い場所もある。時と場合によっては登山や沢登りの装備が必要になる。どの場所でも同じだが、ソ行中に大きな淵やゴルジュ帯が現われた場合、通過が危険と感じたら無理せず入渓点まで戻り、一度退渓し林道等でその場所を回避し、再度安全な場所を見つけて川に下りるようにしたい。

周辺は道路（林道・登山道）が荒廃している場所も多く、また工事が行なわれている場合も多かったが、２０１６年からしばらく本格的な工事が続くことになった。とはいえ、復旧すれば東京内の貴重なテンカラ釣り場である。

また、奥多摩の山塊は野生生物も多く生息しており熊の出没率も高い。このため、熊鈴やホイッスルも忘れずに。

奥多摩周辺の支流は、ヤマメとイワナの混生域であるが、釣れる魚はヤマメが中心となる。魚の放流はしていない場所がほとんど。川乗谷も小川谷も一部発眼卵放流をしているが、基本的には在来魚の生息している場所である。野生に育った魚は美しい魚体をしており、特徴のあるパーマークも見られる。美しい魚をいつまでも残すために、ぜひキャッチ＆リリースで楽しみたい。

愛知県◎段戸川《だんどがわ》・名倉川《なぐらがわ》

アマゴが泳ぐテンカラ向きの美渓

案内人◎石垣尚男（愛知県豊田市在住）

名古屋から1時間の好アクセス

段戸川は名古屋市内からでも1時間余りで到着できる本格的な渓流釣り場。水源は地元で段戸山と呼ぶ鷹巣山（1152m）で、決して高い山ではないが中心に広い原生林の山塊があり、段戸川や名倉川の本流にあたる矢作《やはぎ》川や中京地区の水源の1つである豊川に豊富な水を注いでいる。

段戸川は源流からから下流の奥矢作ダムまでの約30㎞にわたり、流域に集落がほとんどない。そして愛知県の渓流の中でも特別に渓相がよい。対象魚はアマゴ。稚魚放流と自然繁殖の両方がおり、成魚放流がないためきれいな

段戸川の大多賀周辺の流れ。この辺りから徐々に川幅が狭くなる

毛バリは黒い胴のものがおすすめ

Guide

●管轄漁協：名倉川漁協（☎0565・82・2640）
●対象魚：アマゴ、イワナ
●解禁期間：3月1日～9月30日
●入漁料：日券1000円、年券5000円　※名倉川の稲武町真弓堰堤から上流の大井平堰堤までの特別区域（3月1日～5月31日）は日券2000円
●交通：東海環状自動車道・豊田勘八ICからR153を足助・香嵐渓方面に走り足助をさらに北上する。伊勢神トンネルを抜けるとすぐに段戸川。さらにR153を北上し稲部町を右折すれば名倉川上流部。または新東名高速道路・浜松いなさICで降り、R257を長篠方面へ。長篠の交差点を直進して県道32号、県道389号を北上し田峯の交差点を左折。R257、R420を経由して三都橋の交差点から粟島川沿いを走り、さらに県道33号を北上すると段戸川の大多賀周辺

魚が多い。

　Ｒ１５３を渡る橋の上下からは特に素晴らしい渓相で、おすすめはＲ１５３から下流の連谷集落の下流部である。ここから田津原までの３㎞は淵と瀬が連続する見事な渓相。川沿いに林道があるので入退渓は楽である。このあたりは毛バリまで５ｍほどの長めの仕掛けを用意すると釣りやすい。


　また、Ｒ１５３から２㎞上流には大多賀の小さな集落がある。ここから上流５㎞にある段戸湖までもテンカラができるが、上流に行くにつれ川が狭くなりテンカラザオは振りにくくなる。この間は毛バリまでが３・５～４ｍの仕掛けで充分である。

　そして、段戸川で釣りをしてみて、魚の反応がなければ名倉川も釣ってみるのがおすすめ。名倉川は段戸川よりも下流で矢作川に合流する支流だ。特に中当周辺は平坦で渓が開けているので毛バリを振りやすい。地元の名産は五平餅で、「アグリステーションなぐら」で食べられる。名倉川は平地の里川といった渓相で水温が上がりやすく、４月当初から毛バリに反応する魚が見られる。一方の段戸川は高地のため２週間ほどシーズンが遅れて進む。時期に合わせてより魚の反応がよいほうを釣りたい。

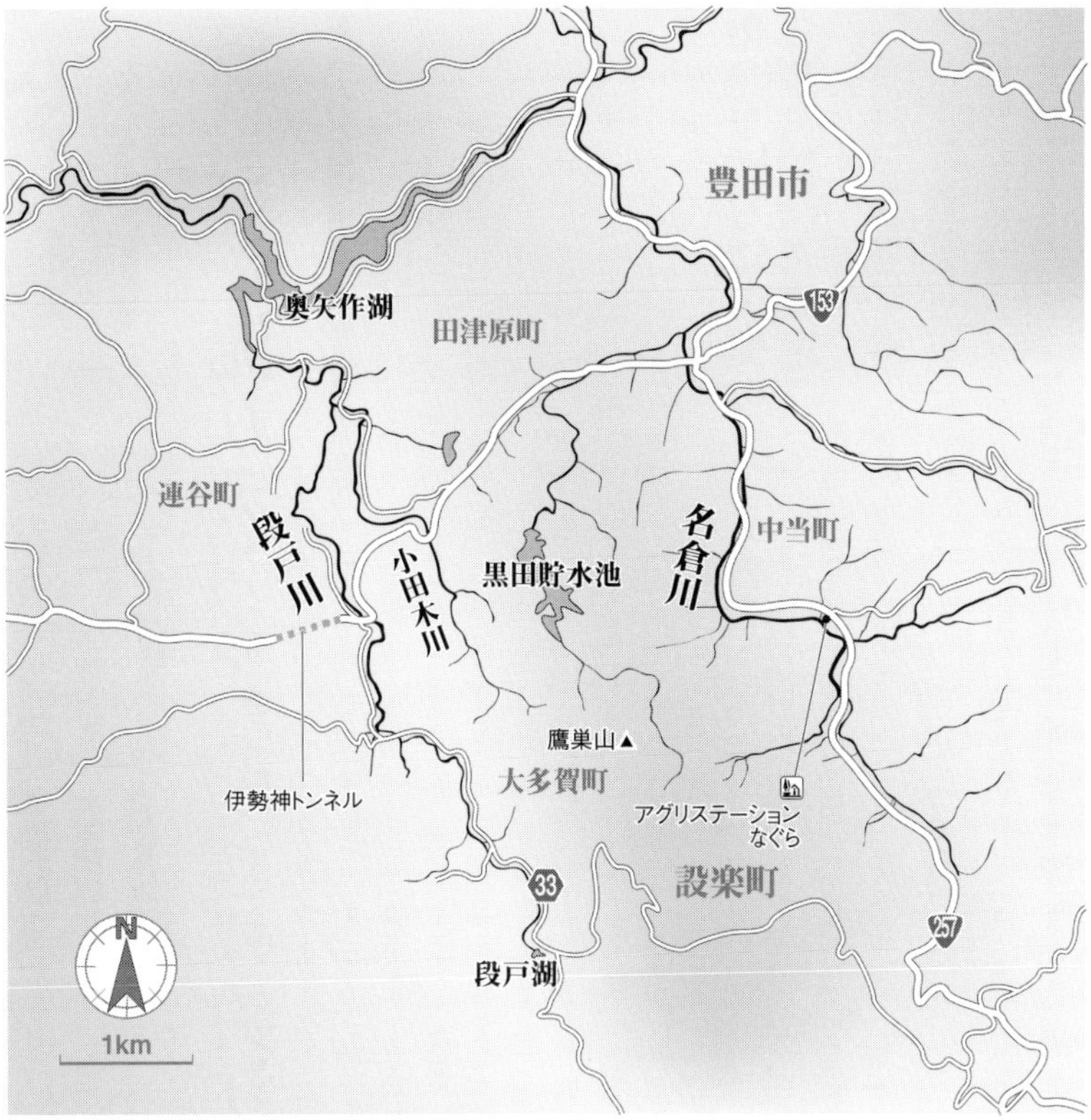

多くある岩盤帯では所々にある溝がねらいめになる

パーマークの揃った段戸川の美形アマゴ

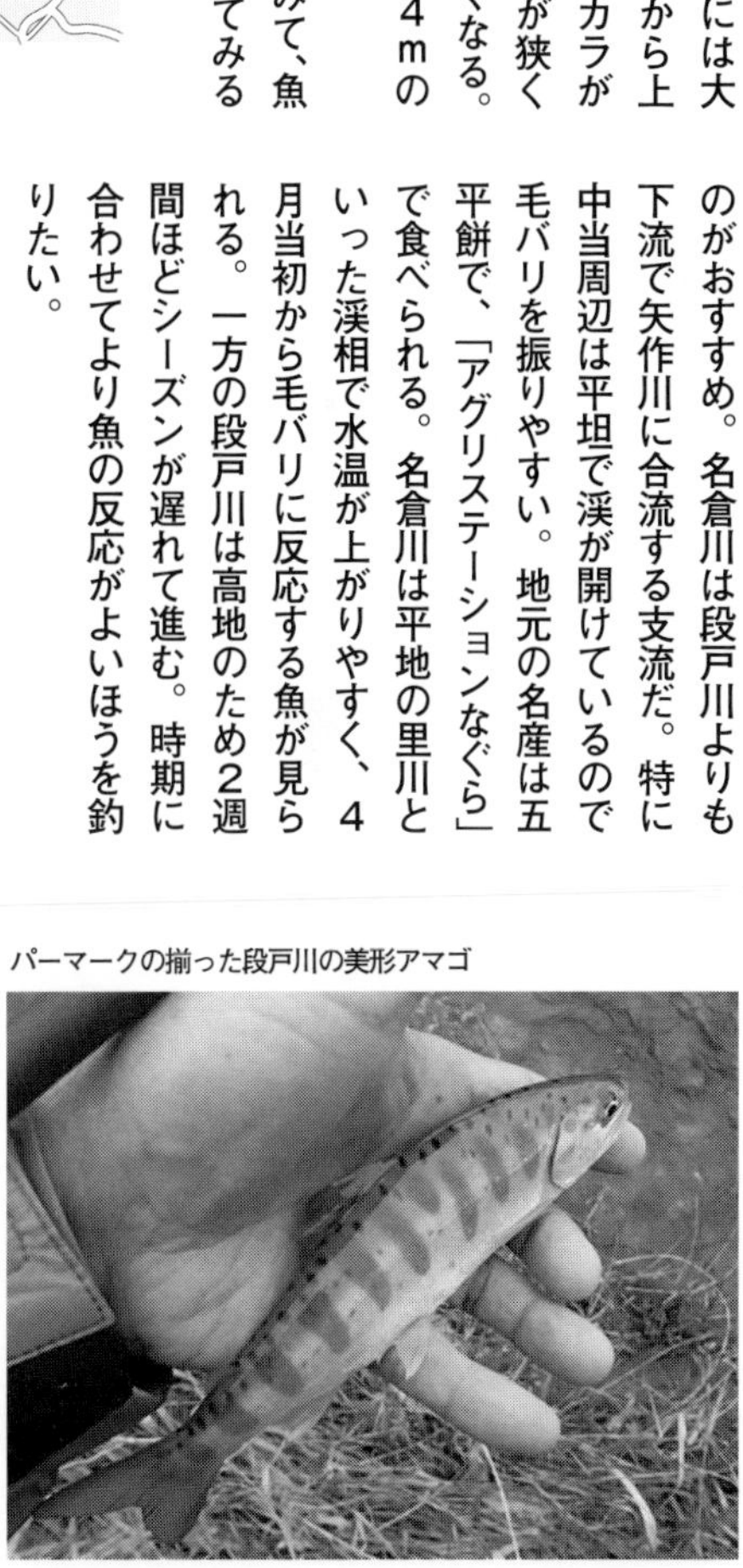

岐阜県◎蒲《がま》田《た》川《がわ》

温泉郷を流れる開豁な毛バリ釣り場

案内人◎小松美郎（長野県塩尻市在住）

毛バリ釣りに人気の C&R区間も設定

蒲田川は岐阜県の奥飛騨温泉郷を流れる渓流。高原川の上流域にあたり、3月の解禁初期から毛バリでヒレピンの渓流魚が釣れることでフライフィッシャーにも人気がある。理由は温泉地の地熱で、雪深い地域にありながら水温が初期から安定しているため、カゲロウやトビケラなどの豊富な水生昆虫が羽化し、ヤマメやイワナも毛バリによく反応してコンディションもよい。

また、蒲田川は地元の高原川漁協が早くからC&R（キャッチ&リリース）区間を導入しているのも大きな特徴。稚魚や卵から成長したと思われるきれいな魚が多くいる。これまでに成魚放流も試験的に行なわれたことがあるが、釣れる魚はほぼヒレピンといっても過言ではない。

川は大きめの石がゴロゴロとしており川底の流れが複雑だ。そのため表層に簡単に毛バリを流すだけではなく、川の中にもうひとつの川が流れているとイメージして、1つ1つの石の周りに時には毛バリを沈め気味にして丁寧に何度も流してやると結果が出やすい。

なお、解禁初期の蒲田川には温泉地帯の川独特の濁りがあるが、多少の濁りがあっても魚は問題なく釣れる。原因は焼岳からの流れが濁っているためと思われるが、雪代が入って水が増えると透明な流れになって水温が下がる。

水源の石質のせいか独特のニゴリがある蒲田川。雪代が入ると透明度が増す

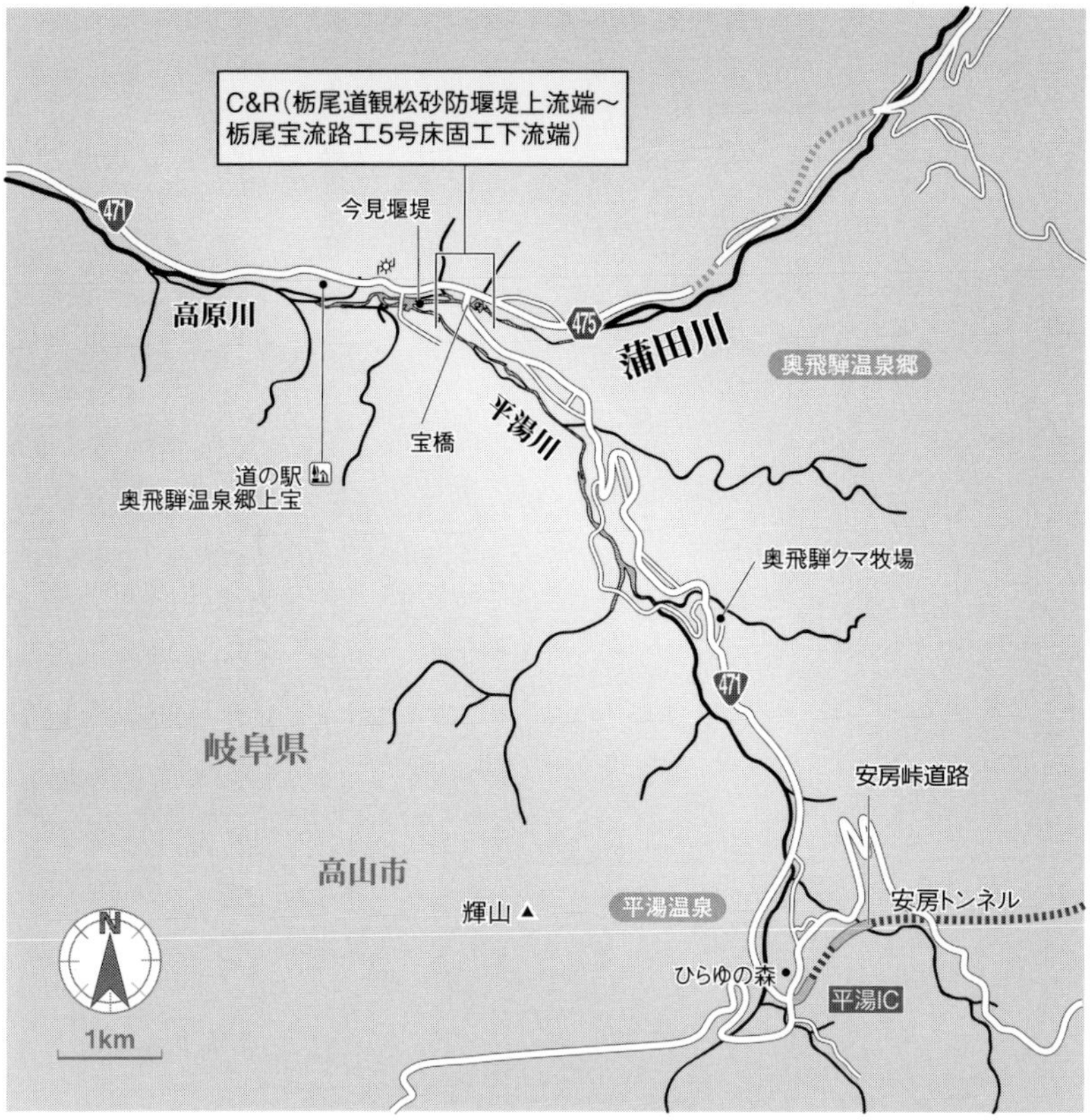

解禁当初の早朝はエサ釣りが有利なこともあるが、日中になれば周囲の河原に雪のある3月でもテンカラで充分ねらえる。おすすめは4m前後のテンカラザオに、フロロカーボン3号を5・5m使用したレベルラインテンカラ。ハリス0・8号を介して毛バリを結ぶ。なお、C&Rエリアについては、バーブレスフック使用の規定があるのでルールを守って楽しみたい。

川沿いにはいくつか温泉がある。なかでも平湯温泉にある「ひらゆの森」は気軽に利用できておすすめ。16の露天風呂があり、500円で日帰り入浴が楽しめる。釣りの疲れを癒すのに立ち寄るのもよいだろう。

温泉郷を流れる川は立ち寄り湯も多く遠征も楽しい

居着きヤマメの良型が掛かるためファンが多い

Guide

●管轄漁協：高原川漁協（☎0578・82・2115）
●解禁期間：3月1日～9月9日
●入漁券：日券1500円、年券7000円
●交通：長野自動車道・松本ICで降り、R158を乗鞍方面に走る。安房峠を過ぎてR471を右折し、県道475号を右折して蒲田川・高原川へ

岐阜県◎石徹白川《いとしろがわ》・峠川《とうげがわ》

毛バリファンが集まるテンカラのメッカ

案内人◎石垣尚男（愛知県豊田市在住）

【石徹白川】手軽に安全に本流の釣りを堪能

　岐阜県の北部にある石徹白川は、白山連峰を源流とし、南流して下流で九頭竜川に合流する水量豊富な川。源流から福井県との県境までの石徹白漁協が管轄する区間はおよそ20㎞あり、その間に多数の支流を抱えていて、規模の大小はあるものの、本流・支流ともテンカラが可能である。

　とくに最終集落の上在所より上流は国立公園となり、集落がないため水は清冽。石徹白の集落からは白山連峰の雄大な山容を見ることもできる。石徹白川の本流や支流のほとんどは林道が沿っているため、車からすぐ釣り場に降りることができる。また、渓相もそれほど険しくなく、手軽に、安全にテンカラを楽しむことができる釣り場として人気がある。

開けた流れの石徹白川本流。本流は６月以降が面白い

峠川のC&Rエリアは魚が豊富。人が密集しても釣果が望める

　倉谷までの本流は河原が広く、仕掛けは毛バリまで５～６ｍの長めのものが必要。そこからは上流に詰めるほど堰堤の連続となる。

　下流区間の釣りも楽しく、特にC&R区間のある峠川との合流点から県境までの約２㎞は本流と呼ぶにふさわしい渓相。場所によって毛バリまで８ｍの仕掛けが必要になる。対象はアマゴとイワナであるが、本流で多くはイワナ。本流で

Guide

●管轄漁協：石徹白漁協（☎0575・86・3001）
●対象魚：イワナ、アマゴ
●解禁期間：３月１日～９月30日
●入漁料：日券1000円、年券5000円
●交通：東海北陸自動車道・高鷲ICを降り、県道45号、452号を経由してR156へ。白鳥町前谷地区の歩岐島大橋手前を左折して県道314号へ入り、桧峠を越えて石徹白地区へ。県道127号でC&R区間へ

はまれに40㎝オーバーのイワナも毛バリを追うことがある。

【峠川】自然繁殖したイワナ、アマゴが相手

石徹白川の支流にあたる峠川には3・2㎞にわたってC&R区間が設けられている。漁協はC&R区間では一切放流しておらず、全国的にも有名な10年以上のC&R活動により、今では自然繁殖したアマゴやイワナが命を循環している。現在はアマゴよりイワナの比率が高い。ここで繁殖したイワナが本流に下ることで、石徹白川の本流でもイワナの数が増えている。

　C&R区間にはおびただしい数のアマゴやイワナが生息しているが、漁協ではC&Rはあくまで生態系の保全と復活のための管理方法であり、たくさん釣るためのものではないという考えから、2015年からサイズ、魚種にかかわらず、一日に釣ってよい魚の数を10尾以内とする釣数制限を設けた。C&R区間ではこのルールを守らなければならない。

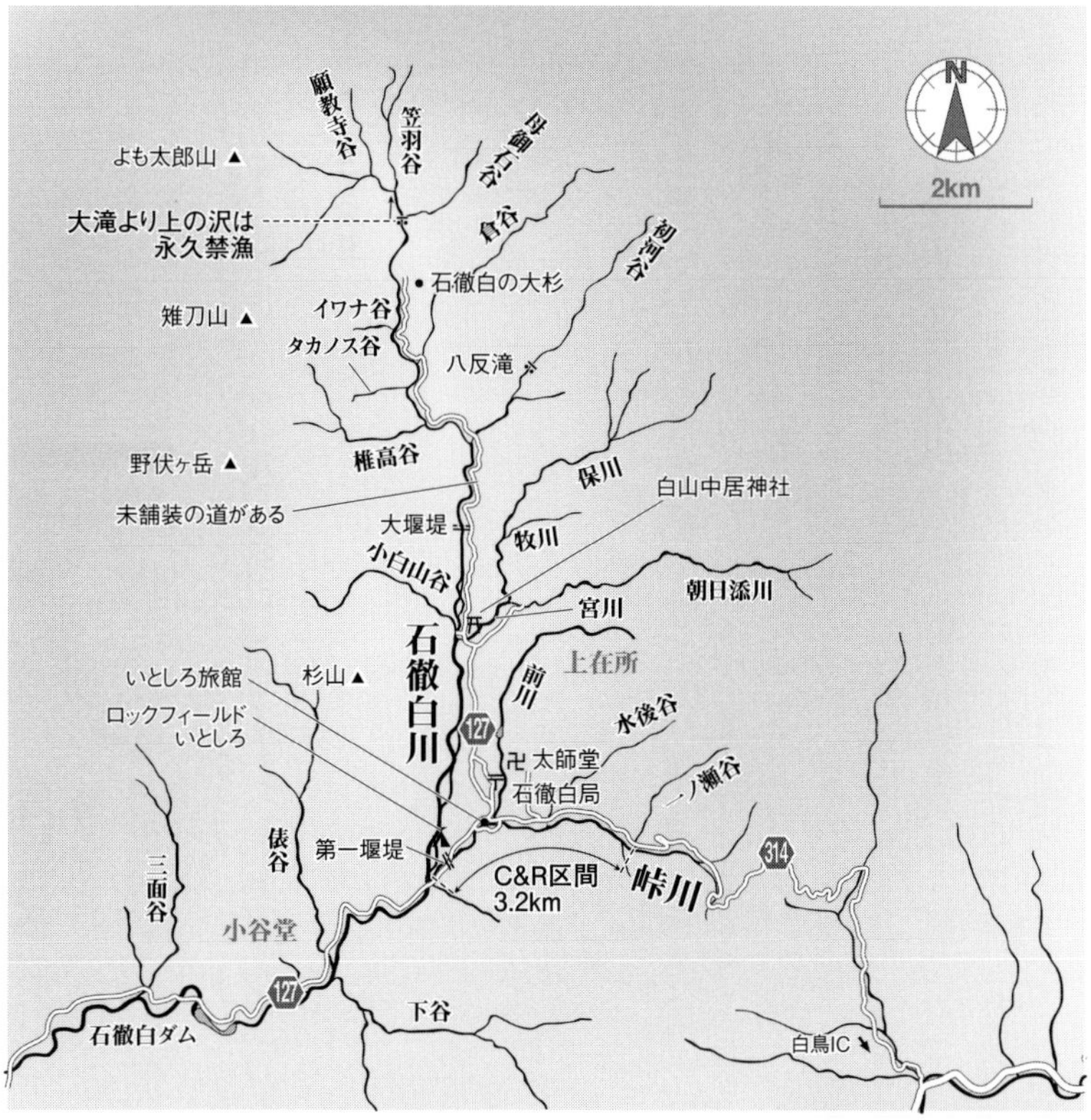

石徹白川・峠川では尺イワナも珍しくない

　なお、石徹白地区は豪雪地帯である。峠川はゴールデンウイーク前からテンカラができるが、雪の多い年はシーズンが遅れる可能性もある。石徹白川の本流は5月いっぱいまで雪代が流れ、毛バリが可能になるのはだいたい6月に入ってからだ。

　毎年6月の第1土日曜日には「石徹白フィッシャーズホリデー」が開催され、テンカラファンが多く集まる。イベントに参加すればテンカラの釣り仲間もきっと見つかるだろう。

奈良県◎天ノ川《あまのがわ》

毛バリ釣りが楽しい紀伊山地の美渓

案内人◎西郷和巳（京都府在住）

大きめの毛バリがおすすめ

奈良県の天ノ川は大峰山脈の山上ヶ岳・大普賢岳を水源とし、天川村で清らかな水を集めて、最後は熊野灘に注ぐ川。最下流の塩谷～九尾ダムまでは大淵と瀬が繰り返す渓相で、淵への流れ込みや瀬を中心にねらうと数が出る。5月下旬になると猿谷貯水池からソ上する大アマゴもいる。その際、この川はカワムツなどの外道も多いため、毛バリは大きめの#10以上を選択するとよい。

天ノ川温泉前の中学校上流・消防道～弁天橋はC&R区間になっており、毛バリにスレた魚も多い。とはいえ、ほかの場所よりも魚は多くアベレージサイズも大きめ。頻繁にライズが見られるポイントで比較的早期から尺アマゴも混じる。瀬、流れ込み、ヒラキで毛バリを踊らせて誘うように釣るとアタリが連発することが多々ある。

漁協のある北角から上流の御手洗渓谷の辺りは男性的な渓相。川底まで透き通った水が流れる素晴らしいポイントが点在する。ここは冬期に管理釣り場になっていて、居残りのニジマスも時折釣れる。50cmクラスが釣れることもあるので油断は禁物だ。

弥山川出合からやや上流に入渓ルートがあり、そこからモジキ谷出合の区間はアベレージサイズが大半である。ポイントはバラエティーに富んでいる。時間をかけて釣り上がりたい人におすすめである。

本流最上流部にある神童子谷はV字の切り立った谷で奥も深い。水質はさら

御手洗渓谷付近の渓相。入渓者は多いがポイントが変化に富んでいて釣り残りも多い。テンポよく釣り上るより丁寧に探りたい

支流の洞川・虻トンネル付近の流れ

Guide

●管轄漁協：天川村漁協（☎ 0747・63・0666）
●対象魚：イワナ、アマゴ
●解禁期間：3月上旬（要確認）～9月15日
●入漁料：日券3500円（解禁日は4000円）、年券1万1000円
●交通：南阪奈道路・葛城ICで降り、R165東室ICを右折。R24を南下して室の交差点を左折。R309で天川村方面へ

にょくなる。かなり上流までアマゴが棲息し最盛期には尺アマゴも期待できる。深い淵の流れ込みを覗くと良型のアマゴが盛んに捕食する姿を目撃でき、攻略は難しいがよい時間帯になれば水面を意識するのでねらってみたい。

イワナも多くアベレージは18㎝ほどだが尺イワナの確率も高く、毎年のように40㎝クラスのイワナが釣れている。

数がねらえる支流は洞川の虻トンネルから洞川温泉の区間だ。

シーズン初期の成魚は流れの緩い場所を好むため、瀬や流れ込みを中心に釣り上がればきれいなアマゴが釣れる。また石裏や岩陰をねらえば早い時期から良型のイワナも反応し、大場所では尺イワナも珍しくはない。

道路に沿って流れている川であり、平日、休日問わず常に入渓者が多いが、魚も多いので一定の時間が空けば魚はしっかり出る。本流・支流ともに放流量も多く、早期からサイズのよい魚が釣れるのも天ノ川の特徴だ。

なお、弥山川、オソゴヤ谷は世界最南限のイワナである、県指定の天然記念物キリクチの生息地となっているため永年禁漁なので注意したい。

本流では黒系、支流では淡い黄色の毛バリの出番が多い

天ノ川の尺イワナ

天ノ川本流の大アマゴ

高知県◎中《なか》野《の》川《かわ》川《がわ》

人数限定で楽しむ秀渓の天然アマゴ

案内人◎石垣尚男（愛知県豊田市在住）

エメラルドグリーンの水に泳ぐアマゴ

高知県を流れる中野川川は高知市からは遠路であるが、愛媛県とは山ひとつ隔てた距離にある。愛媛県のいよ西条ICからわずか30分の距離である。私が在住する愛知県から車で7時間と遠いが、ゴールデンウイークを利用して長年この釣り場に通っているのにはわけがある。

中野川は本川漁協との協力で運営されている毛バリ専用のC&R区間である。合流する本川の出合から源流まで5㎞と長大で、その間に大淵あり、瀬ありの多彩な渓相のうえに、上流に一切の人家がないため水が清冽だ。

そして1日限定15名という人数制限があり、混雑することがない。ゴールデンウイークでもほぼ貸し切り状態で楽しめ、釣り場で他の釣り人とバッティングすることがない。新緑の貸し切りの川で、のびのび毛バリを振れ、しかもヒレピンアマゴが釣れるというのが通い続けている理由である。

ここのアマゴはすべて自然産卵により孵化した天然もので、くっきりしたパーマークと少ない朱点、そして黄色い胸ビレが特徴である。魚の数はケタ違いに多い。条件がよかったときにはヒレピンアマゴが日に50尾を超えたこともある。大きさも最大で29㎝は出た。

入渓するには予約が必要で、管理棟で入川箇所を示す用紙をもらい、人数と時間を残すことで、後から入る釣り人とバッティングしないように配慮さ

エメラルドグリーンの美しい清冽は毛バリを振るだけでも楽しい

躍り出るのは朱点が少なくパーマークがくっきりした自然産卵の魚ばかり

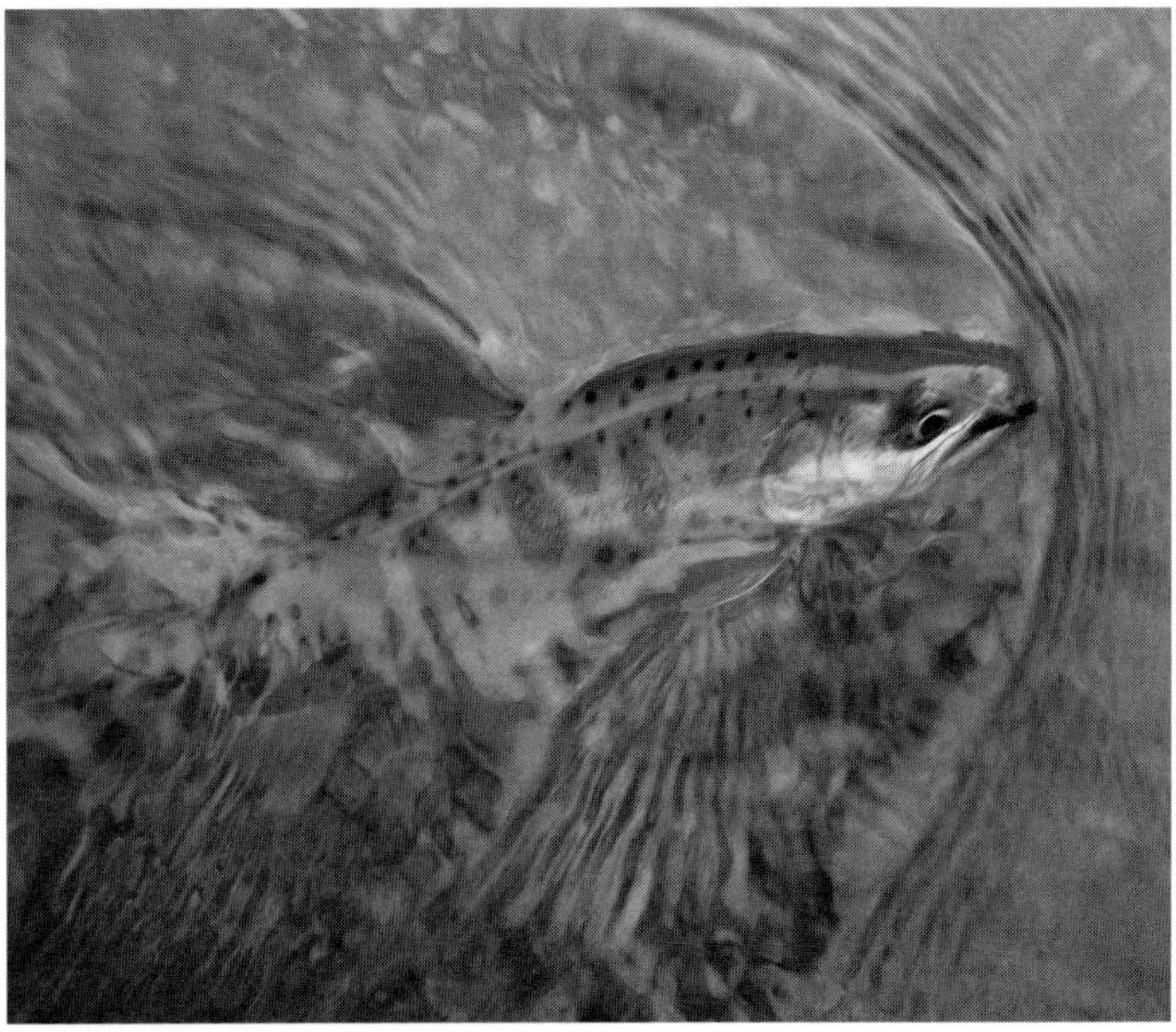

Guide

●問合先：中野川クラブ（☎088・869・2002）
●解禁期間：2月16日～11月30日
●入漁料：日券3500円（中学生以下2000円。連続しての入漁は2日目以降1日につき2000円。前日の20時までに予約（1日15名の入渓制限あり）
●交通：松山自動車道・いよ西城ICを降りてR11を左折。飯岡の交差点を斜め左に入り、加茂川橋の交差点を左折しR194を南下。高知県に入り、中野川川へ

れている。詳細と予約は中野川倶楽部のＨＰで確認されたい。

　仕掛けは全長５ｍのものが好適。そのほか下流部にある大淵や上流部の大堰堤でも７ｍの仕掛けがあれば毛バリで通用する。川は河原がほとんどなく、ところどころにある大岩を越えることも余儀なくされるので、コンパクトなサオや仕掛けが便利である。毛バリは特に選ばない。

　釣り場を訪れるのはフライフィッシャーが多い。そのためドライフライが使われることが多く、テンカラで沈み気味の毛バリを使用すると効果を発揮する。フックサイズは12番程度がおすすめだ。

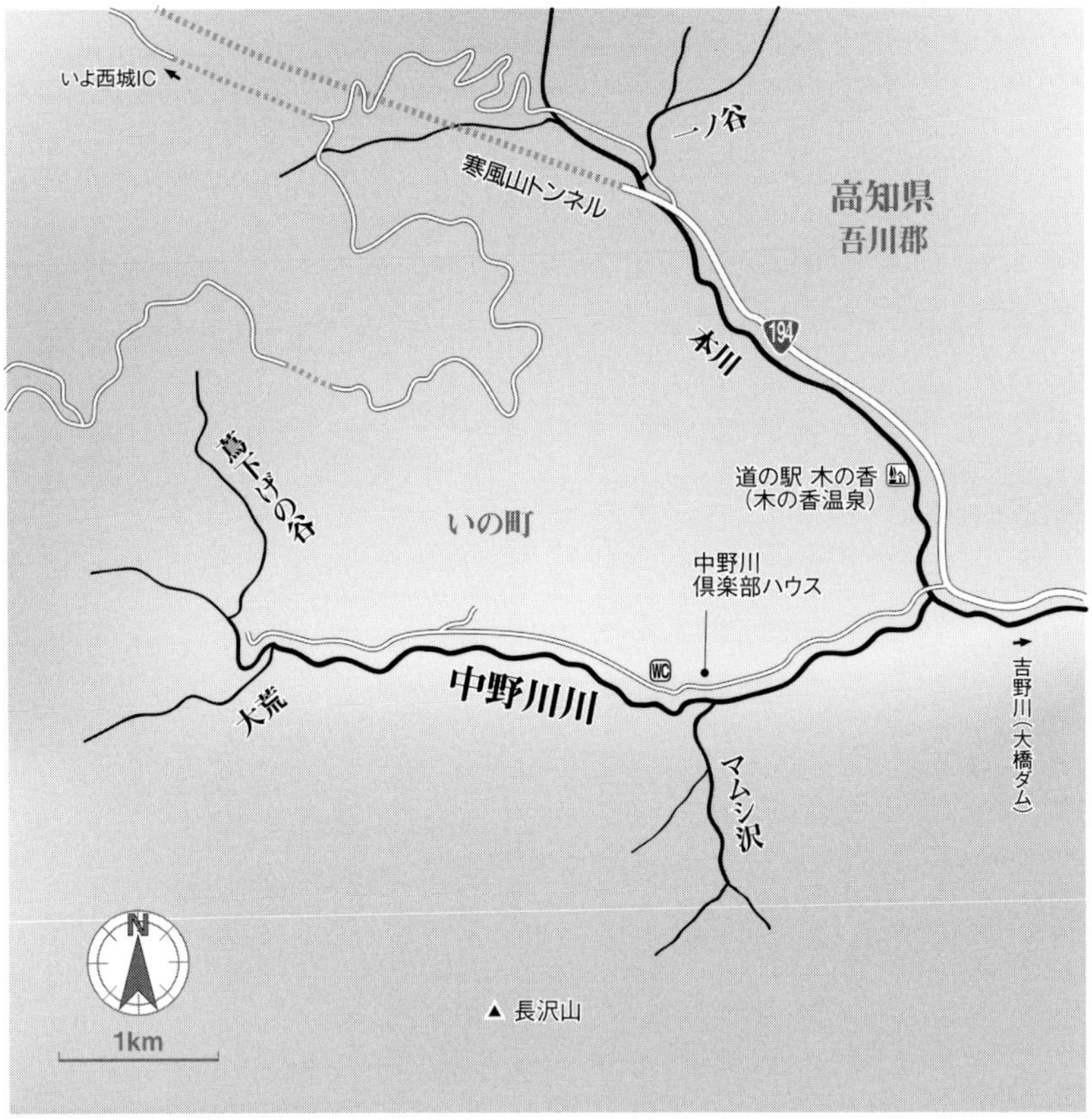

水深を見誤るような透明度の高い淵があちこちにある

Column
渓でひと息

アウトドア用のワンバーナーは１台あるとコーヒーブレイクにも温かい昼食作りにも使えて便利

渓流釣りに出掛ける時、一杯のコーヒーを楽しみにしている人は多い。テンカラは毛バリの行方を追う集中力が大切。だからこそ時には「ひと息つく」余裕があると世界が広がる。渓流の水は夏でも冷たい。暖かい飲み物や軽食で身体をリラックスさせることは、怪我を予防し安全に釣りを楽しむという点でも理にかなっている。

おすすめはアウトドア用品店で販売されている「ワンバーナー（シングルバーナー）」を携行すること。専用のガスカートリッジを取り付ければ、湯を沸かしたり、火を使ったちょっとした調理が簡単にできる。最近は家庭用のカセットガスを使えるものもあり、着火のためのライターを別に用意するタイプと、着火装置が一体化したタイプがあるが、まず1台買うなら着火装置付きのものが忘れ物の心配がなくよいだろう。

ほかに必要なのは「ポット」「コーヒー（紅茶やお茶でももちろんよい）＆砂糖や粉末状のミルク（好みで）」「水」「カップ」。混ぜ棒は周囲に落ちている木の枝を利用すればOK。水はペットボトルのミネラルウォーターが便利だが、川の近くや釣り場までの途中で清水を汲めれば言うことなし。周囲に民家のないきれいな川なら、川から汲んだ水を煮沸して使うのもよい。

サオを振る手を休めて森を見渡し、ちょっとひと息つけるようになれば、それはゆとりが身についた証拠。周囲をじっくり観察できれば、魚との出会いもかえって近くなるはずだ。

渓で飲む一杯のコーヒーは格別だ

パート6

観て・読んで・レベルアップ！

テンカラに役立つ
つり人社のDVD&BOOKガイド

DVD

魚野川 源流遡行

出演：丸山剛・渡邉大樹
DVD-65分
価格 3,960円（税込）

東に新潟、南に群馬の県境に近い長野県北東部。その山深い地域に谷を刻んでいるのが、中津川支流、魚野川の源流部。遡行を3泊4日の日程で計画。目標はイワナを釣りながら源頭部を目指し、稜線まで詰め上げること。原生林が川面に迫り、生命感の漲る初夏の魚野川を、ゆったりと沢泊まりを楽しみながら最上流を目指して釣り歩きます。

DVD

葛根田川 源流遡行

出演：丸山剛・渡邉大樹
DVD-65分
価格 3,960円（税込）

岩手・秋田の県境に位置する八幡平の曲崎山を中心に、東側のブナの森を流れる葛根田川。源流で必要な道具類の紹介、タープの張り方、焚火の熾し方など、沢泊まりに必要なノウハウについて解説します。本流沿いの滝ノ上温泉より入渓し、支流の大石川を釣り上がり、秋田との県境に横たわる湿原を目指す源流旅の模様をお伝えします。

DVD

テンカラ新戦術

出演：石垣尚男×高橋 伸×西郷和巳
DVD-70分
価格 3,740円（税込）

“テンカラ大王”の名で親しまれ、多くの人の毛バリ釣りを見てきた石垣尚男さんが、“オールラウンダー”高橋伸さんと“尺ものハンター”西郷和巳さんの、名手2人の釣りをピックアップ。

DVD

レベルライン・テンカラ入門

出演：片山 悦二
DVD-85分
価格 3,960円（税込）

レベルライン・テンカラに必要な基本的なタックル、ロッドの振り方、毛バリの流し方、そしてアタリの取り方について詳しく解説。これからテンカラを始めてみたいという人やレベルアップを目指す方に！

BOOK

テンカラ釣りがある日突然上手くなる

四六判並製　片山悦二著
定価 1,045 円（税込）

万年「自称中級者」の壁を突破するヒントは何か？　本書では四国の渓流で日々腕を磨いている筆者がテンカラの常識、タックル、スタイルを大検証。さらに独自の「流水（スジ）の理論と実践」で釣果をアップさせます。

BOOK

超明快 レベルラインテンカラ

A5 判並製　石垣尚男著
定価 1,650 円（税込）

名手が書き下ろした集大成ともいえるテンカラ釣りの教科書。豊富な写真とイラストを交えて入門者にはベーシックを、ステップアップしたい人にはより釣れるテクニックをレベルラインの名手が伝授します。

BOOK

テンカラ釣り超思考法

四六判並製　石垣尚男・大沢健治・小林和則・吉田 孝著
定価 1,100 円（税込）

「思うほど釣れないのはなぜ？」その悩み、本書が解決します。釣果を伸ばすための根本的な要素は、最新の釣具でも情報でもなかった⁉　それはズバリ、「名手の超思考法」にアリ。「テンカラ釣りは 10（テン）カラー」とも呼ばれるこの釣りの核心に迫るため、本書ではなんと章のテーマごとに 1 人の名手が上達直結アドバイスを解説！　あなたの釣りが明日から変わる 43 コンテンツを収載しました。

BOOK

源流テンカラ釣りの知恵

A5 判並製　浦 壮一郎著
定価 2,750 円（税込）

源流に分け入り、テンカラザオを振って半世紀以上。愛する山河への情熱と、尽きることのない探究心から、いくつもの未踏ルートを開拓してきた瀬畑雄三さん。野営、遡行の技術を工夫し、時には危険な目に遭いながらも、常に山から生還してきた。そんな瀬畑さんを、いつしか人は親しみを込め、「渓の翁」と呼ぶようになった――。本書は瀬畑さんが後世にまで伝えたいさまざまな知識、哲学をまとめたもの。
自然と人間の関わり方について、考えさせられる一冊です。

テンカラ用語集

【アイ】 ハリに付いているイトを結ぶ部分。環。

【アクション】 毛バリに意図的に動きを加えること。またサオの調子もアクションと呼ぶ。

【アタリ】 魚が毛バリをくわえて現われる反応。またその感触。

【アプローチ】 魚に近づくこと。釣り人がポイントへ近づく行為のほか、そのポイントへどうやって毛バリを流すかを指すこともある。

【アワセ】 魚の口にハリをしっかり掛けるための動作。フッキング。通常はサオを瞬間的に振り上げてラインを張るようにする。アタリを察知してからすぐに行なう場合を「早アワセ」、ひと呼吸おいて意識的にゆっくり行なう場合を「遅アワセ」という。

【アワセ切れ】 アワセの衝撃でハリスが切れてしまうこと。

【イトグセ】 ラインに付く巻きグセやヨレのこと。

【イトフケ】 イトのたるみ。意図的に作る場合も意図せずに出来る場合もある。

【ウェーダー】 川に入るために履く胴長靴。腰までの高さのものをウエストハイウェーダー、胸までの高さのものをチェストハイウェーダーという。また靴が付いたブーツフットタイプと靴のないストッキングタイプがある。

【ウェーディング】 釣りのために水の中に入ること。

【ウェーディングシューズ】 川を歩くための専用のシューズ。滑りにくいフェルト底のものが一般的。最近はゴム底のものも増えている。

【ウェットウェーディング】 夏場にウェーダーを履かずに速乾性の高いパンツやタイツを着用して濡れることを前提に釣りをすること。

【右岸】 下流を向いて右側の岸。

【うわずる】 魚が水面付近を流れるエサを意識している状態。「浮く」とも。

【エゴ】 岸際や大きな石の周りに出来る魚が身を潜めやすいエグレ。

【落ち込み】 上流からの水が段差をともなって流れ落ちている部分。

【カケアガリ】 川の中で傾斜が付いている部分。

【肩】 落ち込みの上にある石などで水面が盛り上がった部分やその周辺。瀬の肩。

【管(環)付き】 アイの付いたハリ。

【緩流部】 周辺に比べて流れが緩くなっている部分。

【木化け石化け】 魚に気配を察知されないように周囲の自然と一体となるように静かに行動すること。

【キャッチ&リリース(C&R)】 釣った魚を流れに戻すこと。またそうした行為を前提とした釣りのスタイル。

【グリップ】 サオの握り部分。またサオの握り方を指すこともある。

【車止】 林道などでゲートなどにより車の進入が禁止されている最終地点。
【剣羽根】 キジの羽根の中でも昔から毛バリに使うと効果的とされる部分の羽根。一羽から一対だけ取れる。
【源流】 河川の最上流部。
【サイドキャスト】 サオを横に傾けて行なうキャスティング。
【逆さ毛バリ】 ハリに巻かれたハックル（ミノ毛）がアイ側に向かって倒れている毛バリのこと。水中で動かした時にハックルが水を受けやすいので、魚にアピールしやすいとされる。
【左岸】 下流を向いて左側の岸。
【誘い】 サオでラインを引っ張って意図的に毛バリを動かし魚にアピールすること。
【里川】 周囲に人家が多く高低差も少ない区間の川。
【仕舞寸法】 サオを収納するために縮めた時の長さ。
【尺】 昔の長さの単位で約30㎝。渓流魚の大ものの目安とされる。尺ヤマメ（30㎝あるヤマメ）、尺上イワナ（30㎝よりさらに大きいイワナ）といった使い方をされる。
【シャンク】 ハリのうちアイやフトコロを除いた軸部分。この部分がまっすぐなものがストレートシャンク・フック、カーブしているものがカーブドシャンク・フック。
【スレッド】 毛バリを巻くための糸のこと。タイイングスレッドとも。
【スレる】 魚が釣り人に対する警戒心を強くして釣れにくくなること。
【瀬】 川の中で水面が波立って動きのある区間。水深や水面の状態によってチャラ瀬、深瀬、急瀬などさまざまに表現される。
【ソ行】 比較的高低差のある渓流を上流へ向かうこと。遡行。
【ソ上】 渓流魚が上流に向かって移動すること。遡上。
【タイイング】 毛バリを巻くこと。
【ダビング材】 毛バリの胴を巻くために使われる化学繊維。
【タモ】 魚をすくうための網。ランディングネット。
【稚魚放流】 なるべくその川で自然に育つように稚魚の段階で放流すること。そのほかに発眼卵放流や成魚放流がある。
【調子】 サオの硬さや曲がりぐあい。アクション。先端近くが曲がる硬めのものを先調子、サオの中央部まで曲がる比較的軟らかいものを胴調子という。曲がる位置を数値で示して7：3調子、6：4調子などと表現することもある。7：3は先調子になる。
【継ぎ数】 1本のサオを構成するサオの節数。
【釣り上がり】 川で下流から上流に向けて少しずつ移動しながら釣って行くこと。渓流釣りでは基本的に釣り上がりがマナーとされる。また、誰かが釣っているすぐ上流の区間には入らないか、入ってもよいか事前に声を掛けて相談する。
【出合】 本流に支流が注ぐ場所などの川の合流点。
【テーパー】 太いものが徐々に細くなっていく構造。またその逆。
【テーパーライン】 テンカラ用のラインのうち全体の太さが均一でなくテーパーが付けられたもの。キャストがしやすい。
【天然魚】 人の影響を全く受けておらずその土地で世代交代してきた固有の魚。ネイティブフィッシュ。
【胴】 サオの中間部分。また、毛バリではハリの軸に糸や繊維を巻いて作った土台となる部分。毛バリではボディーともいう。
【ドライフライ】 フライフィッシングで使用される毛バリのうち、水面に浮かべて使うことを前提としたもの。パラシュートフライ、エルクヘア・カディスなどいくつかの種類がある。
【ドラッグ】 流れの中で引きずられるような状態になること。
【取り込み】 ハリに掛かった魚を寄せて手にする動作。ランディング。タモに入れる場合はタモ入れとも。
【ナイロン】 フロロカーボンと

並ぶラインやハリスの代表的な素材の1つ。比重が軽く水に浮きやすい。

【ナチュラルドリフト】　毛バリを自然に流すこと。

【入漁料】　川で釣りをするために支払う料金。日本の川はほとんどの場所で内水面の漁業協同組合（漁協）が管理しており、1日有効な日釣券やシーズンを通じて使える年券を購入して釣りをする。

【入渓】　釣りをするために川に入ること。入川。反対は脱渓もしくは退渓。

【ハーフヒッチ】　毛バリを巻く時に糸が解けないように行なう1回結び。

【バーブ】　ハリの先端近くに付いているカエシ部分のこと。貫通すると抜けにくい構造になっている。

【バーブレス】　カエシを持たないハリ。刺さる時の抵抗が少ないためフッキングしやすい。また、釣れた魚に対するダメージが少ないためキャッチ&リリース区間でハリをバーブレスにするようルール化されている場合がある。カエシのあるハリも使用前にプライヤーでカエシを潰せばバーブレスフックとして使える。

【パーマーク】　サケ・マスの仲間の幼魚に見られる斑紋。ヤマメやアマゴは成長しても残る。

【バイス】　毛バリを巻く時にハリを固定するためのツール。タイイングバイス。

【バックキャスト】　キャスティングで自分の後ろに向けてラインを投げる動作。

【バックスペース】　キャスティングをする際に必要な障害物のない背後の空間。

【ハックル】　鳥の羽根のこと。ミノ毛。ニワトリの羽根が多いが、キジやウズラの仲間など他の鳥類のものも使用される。

【バット】　先が細く元が太い形状のものの太い部分。サオなら元部分、テーパーラインなら先端と反対側にある太い部分のこと。

【バラシ】　一度ハリに掛かった魚が途中で外れてしまうこと。

【パラシュート】　ドライフライのうちハックルが水平方向に巻かれて傘のようになったパターン。キャストした時の空気抵抗が小さいので投げやすく、水面での姿勢も安定しやすい。

【ハリス】　レベルラインやテーパーラインの先に一定の長さで結ぶナイロンやフロロカーボンのイト。通常毛バリはハリスに結ぶ。リーダーと呼ぶ場合もある。

【番（#）】　フライフィッシングでハリの大きさを示す単位。数字が大きいほどハリの大きさが小さくなる。テンカラ用の毛バリであれば使用するのは#8~12くらい。

【反転流】　上流から下流に向かう強い流れの横に出来る巻き返し部分。

【PVC】　ポリ塩化ビニル樹脂。フライラインタイプのラインでは芯となるナイロンラインにPVCをコーティングしてテーパーラインを作る。

【ピックアップ】　流し終えた毛バリをサオ先で跳ね上げて水中から外に出すこと。

【ヒレピン】　ヒレがピンと張った状態の略語。姿の美しい渓流魚の形容に用いられる。

【ピンホール】　ウェーダーに空くごく小さな穴。水漏れの原因になる。

【フォルスキャスト】　ねらった場所に毛バリを振り込むために予備動作として行なうキャスティング。

【フォワードキャスト】　キャスティングで自分の前に向けてラインを投げる動作。

【淵】　川の中で水がたまってプールのようになっている場所。

【フッキング】　魚の口にハリがしっかり掛かること。またそうなるようにアワセをすること。

【フック】　ハリのこと。

【フトコロ】　ハリの曲がっている部分。フックベンド。

【太軸】　ハリの軸が太いもの。丈夫で大きな魚が掛かっても伸ばされにくいが毛バリは重く沈みやすくなる。反対は細軸。

【プライヤー】　ハックルを挟んでしっかり保持できる毛バリ巻き用の道具。ハックルプライヤー。

【フライライン】　フライフィッシングで使用されるキャスティングがしやすいように設計されたライン。

【振り込み】　キャストして毛バリをねらった場所に着水させること。打ち込み。

【フロロカーボン】　ラインの素材の1つ。ナイロンに比べて比重が重く水に沈みやすい。またナイロンよりも張りがある。

【偏光グラス】　水面の乱反射をカットする機能を持つサングラス。水中のようすがよく見える。

【ポイント】　川の中で釣りをする際に意識する一定の範囲。また、その中でも特に魚がいると想定される場所やねらい所を指すこともある。

【穂先】　サオの先端部分。ティップともいう。

【ボディー】　毛バリの胴部分

【ボビンホルダー】　毛バリを巻くための糸をボビンごと保持できるように作られた道具。フライタイイング用品として売られている。

【本流】　本来は1つの水系の中で支流ではない本筋の流れを指すが、釣りでは流れの規模が限られている渓流などに対して、より開けていて水量の多い中下流部の釣り場を指すことが多い。

【マッチング・ザ・ハッチ】　その場所、その時間の水生昆虫の羽化に合わせて似た毛バリを選びながら釣りをすること。

【マヅメ】　朝夕の薄暗い時間帯。一般に魚の警戒心が弱まり毛バリへの反応もよくなる。それぞれ朝マヅメ、夕マヅメという。

【マテリアル】　タイイングでは特に毛バリの材料のこと。

【マルチ】　サオにズームが付いていて異なる長さで使用できる機能のこと。

【モノフィラメント】　1本の素材で出来たライン。単線。通常のナイロンやフロロカーボンのラインは構造的にはモノフィラメント。複数の糸を撚り合わせて1本にしたものはマルチフィラメントという。

【野生魚】　人の手で放されたのちに野生化した魚。またその親から生まれて繁殖した魚。ワイルドフィッシュ。

【雪代《ゆきしろ》】　降雪地帯の川で雪解けによって起きる春の増水。またその際の雪解け水。

【ヨレ】　行く筋かの流れがぶつかって勢いが弱まり水面がシワのようになっている部分。

【ライズ】　水面を流れるエサを食べようとして魚が浮上すること。

【ライズリング】　魚がライズした結果水面に出来る波紋。

【ライン】　英語でイトのことだが、テンカラではキャスティングを行なうためのレベルライン部分もしくはテーパーライン部分を指してラインと呼ぶことが多い。

【ランディングネット】　タモのこと。

【リーダー】　ラインの先に付けるものという意味。実際はハリスのことを指す。

【流心】　川の中で流れが一番強い部分。その筋。

【林道】　一般道から離れた山の中の道。通常は川の近くを走っている小規模なものを指す。

【レベルライン】　太さが均一なキャスティング用のライン。素材はフロロカーボンが主流。見やすいように色が付いている場合が多い。

【ロールキャスト】　ラインの一部を水面に付けたまま一度後ろに引っ張り、次にサオを前に倒すことで毛バリを前に運ぶキャスト方法。ラインが水面上を転がるように動くことからこのような名前で呼ばれる。

【ロングテーパーライン】　本流用の長いテンカラザオと組み合わせて使う長めのテーパーライン。テーパーラインでないものを含めて単にロングラインと呼ぶこともある。

【Yパターン】　渓流魚の付き場となる代表的なパターンの1つ。上流から来た2つの流れが合わさりその延長上で魚がエサを待っているような場所。

テンカラ・スタートブック

2016年5月1日発行
2021年3月1日第3刷発行

写真協力：浦壮一郎、丸山剛、津留崎健、葛島一美
執筆協力：吉田孝、石垣尚男、片山悦二、瀬畑雄三、
倉上亘、天野勝利、佐伯覚憲、ダニエル・ガルハルド、
小林和則、大沢健治、小松美郎、西郷和巳
イラストレーション：石井正弥

編者　月刊つり人編集部
発行者　山根和明
発行所　株式会社つり人社
〒101-8408　東京都千代田区神田神保町1-30-13
TEL03-3294-0781（営業部）
TEL03-3294-0782（編集部）
印刷・製本　大日本印刷株式会社

乱丁、落丁などありましたらお取り替えいたします。

ISBN978-4-86447-087-2 C2075
つり人社ホームページ　https://tsuribito.co.jp/
つり人オンライン https://web.tsuribito.co.jp/
釣り人道具店　http://tsuribito-dougu.com/
つり人チャンネル（You Tube）
https://www.youtube.com/channel/UC0syeHNb_Y2V0HqEiV-6dGQ

TENKARA START BOOK

つり人社